하나님을 보는 마음

하나님을
보는
마음

프랜시스 프랜지팬 **지음** | 김주성 **옮김**

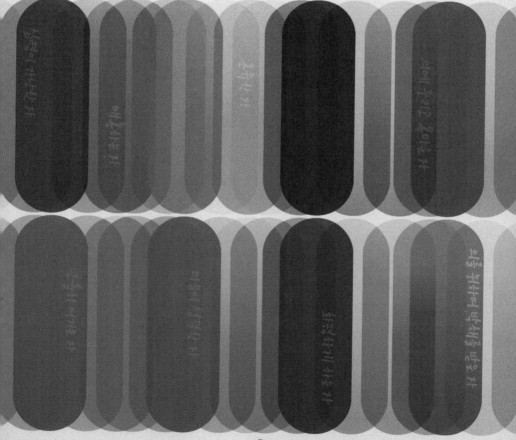

순전한나드

7_ 서문

PART 1 예언의 성취 _"주의 길을 예비하라"

Chapter 1 이 땅 위의 마지막 나라 ·· 11
Chapter 2 우리가 경험할 수 있는 천국 ······························· 15
Chapter 3 구속의 찬송이 시작되다 ·· 21
Chapter 4 주 앞에 먼저 온 자 ·· 25
Chapter 5 이 땅 위의 하나님 ·· 33
Chapter 6 완전한 순복 ··· 39

PART 2 "산상수훈"_우리의 태도(Be-Attitude)

Chapter 7 제자들 ·· 47
Chapter 8 팔복 ·· 53
Chapter 9 심령이 가난한 자 ·· 59
Chapter 10 애통하는 자 ·· 75
Chapter 11 온유한 자 ··· 91
Chapter 12 의에 주리고 목마른 자 ·· 107

Chapter 13 긍휼히 여기는 자 ··· 119

Chapter 14 마음이 청결한 자 ··· 135

Chapter 15 화평하게 하는 자 ··· 151

Chapter 16 박해를 받은 자 ··· 165

Chapter 17 너희의 상이 큼이라 ·· 175

Chapter 18 기적의 지대 ··· 183

191_ 결론: 생명에 삼킨 바 되리라

팔복

심령이 가난한 자는 복이 있나니 천국이 그들의 것임이요

애통하는 자는 복이 있나니 그들이 위로를 받을 것임이요

온유한 자는 복이 있나니 그들이 땅을 기업으로 받을 것임이요

의에 주리고 목마른 자는 복이 있나니 그들이 배부를 것임이요

긍휼히 여기는 자는 복이 있나니 그들이 긍휼히 여김을 받을 것임이요

마음이 청결한 자는 복이 있나니 그들이 하나님을 볼 것임이요

화평하게 하는 자는 복이 있나니 그들이 하나님의 아들이라 일컬음을

받을 것임이요

의를 위하여 박해를 받은 자는 복이 있나니 천국이 그들의 것임이라

나로 말미암아 너희를 욕하고 박해하고 거짓으로 너희를 거슬러 모든

악한 말을 할 때에는 너희에게 복이 있나니 기뻐하고 즐거워하라

하늘에서 너희의 상이 큼이라 너희 전에 있던 선지자들도 이같이

박해하였느니라

_마태복음 5:3-12

누군가 내 인생 설교가 무엇이냐고 묻는다면, 팔복에 관한 말씀이라고 말할 것이다. 이 책은 바로 그 내용을 담고 있다. 팔복에 대한 말씀은 언제나 내 소망의 근거이자 하나님과 동행하는 이유였다. 내가 사랑하는 이 말씀에는 중요한 내용이 담겨 있다. 산상수훈을 읽는 것은 천국을 바라보는 것, 천국이 어떤 모습인지를 보는 것이다. 그것은 전력을 다하는 것이다. 다른 뺨을 돌려 대고 판단하지 않는 것이다. 이것이 바로 천국이다. 그곳은 우리 모두가 갈 준비를 하는 곳이자 이미 우리 안에 임해 있다. 우리 안에 임한 천국은 나름의 방식, 역학대로 하나님과의 관계 그리고 사람들과의 관계 속에서 생명으로 역사하고 있다.

1부는 주로 이야기 형식으로 썼다. 특히 2~6장에서는
세례 요한과 예수님께서 사명을 어떻게 준비하셨는지
그 분위기와 기쁨을 담아내려고 노력했다.

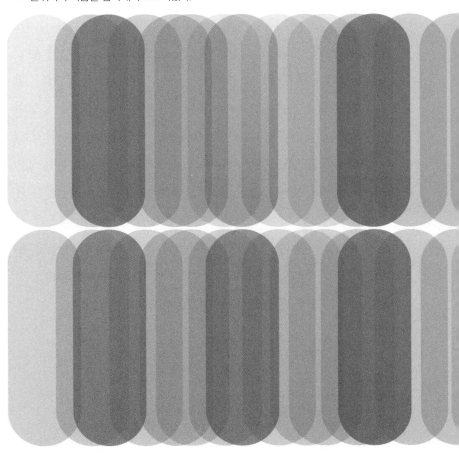

예언의 성취

"주의 길을 예비하라"

PART 1

Chapter 1

이 땅 위의 마지막 나라

이 천국 복음이 모든 민족에게 증언되기 위하여
온 세상에 전파되리니 그제야 끝이 오리라

_마태복음 24:14

❖

    메시아이신 예수 그리스도가 세상에 오실 때 천국도 함께 임했다. "회개하라 천국이 가까이 왔느니라"(마 4:17). 예수님의 이러한 선언은 마음을 청결하게 함으로 하나님의 얼굴을 보고, 땅 위에서 천국의 놀라운 영광을 경험하라는 초청이었다. 그분이 말씀하신 천국에는 구원, 치유, 용서, 능력, 소명, 소망, 부흥이 있다. 이 천국은 인간의 세상 속으로 신성한 축복을 운반하는 무역선이었다.

    예수님은 그분이 이 땅에 다시 오시기 전에 천국도 다시 한번 나타나게 될 거라고 말씀하셨다(단 2:44). 주님의 지상 사역에 천국의 능력과 생명이 나타난 것과 마찬가지로 이 시대의 마지막에도 천국 생명의 능력을 받은 주의 백성들을 통해 천국의 생명이 흘러가게 될 것이다. 예수님은 "이 천국 복음이 모든 민족에게 증언되기 위하여 온 세상에 전파되리니 그제야 끝이 오리라"(마 24:14)고 말씀하셨다.

    우리는 구원의 복음을 이 천국 복음과 혼동해서는 안 된다. 구원은 영적 삶의 기반이며, 천국 복음의 일부분이다. 구원은 선물, 즉 믿으면 구원받는 것이다. 그러나 천국 복음에는 대가 지불이 있다. 우리는 두 주인을 섬길 수 없다. 천국 복음은 밭에 감춰진 보화이다. 우리의 모든 것으로 대가를 지불하면, 하나님의 가장 좋은 것을 받게 된다. 여기서 가장 좋은 것이란 오늘날의 그리스도인들이 밑줄 긋는 성경 구절뿐만 아니라, 우리가 건너뛰거나 무시하는 모든 구절들을 포함한다. 이것들은 우리의 초점이 하나님의 왕국의 기준으로 높아질 때에 비로소 눈에 들어오게 된다.

어떤 이들은 이 세상 대부분이 복음을 들었다고 주장할지 모른다. 그러나 예수님에 대해 그리고 구원과 용서에 대해 들었어도, 천국 복음의 능력의 나타나는 것을 본 사람은 거의 없다. 하지만 예수님은 분명히 재림 전에 그 능력이 나타나게 될 것이라고 말씀하셨다. 예수님이 말씀하신 "이 복음"은 친히 가르치셨고 실제로 나타내 보이신 그분의 복음을 의미한다. 천국이 우리가 있는 위치에서 닿을 수 있을 만큼 가까이 있다는 것이 가능한 일일까?

하늘의 하나님

그리스도를 사랑하고 따르는 자들에게 천국의 실체가 더욱 더 가시화될 것이다. 더 많은 기적이 있을 것이며, 하늘에서는 기사가 땅에서는 징조가 있을 것이다(행 2:19). 흥미로운 것은 마지막 때에 하나님의 나라가 임한다는 말씀이 다니엘 선지자를 통해 느부갓네살왕에게도 계시되었다는 사실이다. 하나님은 꿈을 통해 느부갓네살에게 그의 나라에서 시작하여 이 땅을 통치하게 될 일련의 왕국들을 보여주셨는데, 우리에게 중요한 것은 마지막 왕국이다.

다니엘 선지자가 이 땅의 마지막 왕들의 시대에 무슨 일이 일어날 것이라고 말했는지 읽어 보자.

> 이 여러 왕들의 시대에 하늘의 하나님께서 한 나라를 세우시리니 이것은 영원히 망하지도 아니할 것이요 그 국권이 다른 백성에게로 돌아가지도 아니할 것이요 도리어 이 모든 나라를 쳐서 멸망시키고 영원히 설 것이라 _다니엘 2:44

그래서 예수님이 제자들에게 천국 복음이 온 세상에 전파될 것을 말씀하시면서 다니엘의 이 예언을 염두에 두셨다. 예수님이 재림하신 후 천국은 비로소 온전히 세워지게 될 것이다. 하지만 그 나라는 이미 시작되었다.

우리 시대를 주님의 관점으로 보면, 어둠이 온 땅을, 깊은 어둠이 사람들을 덮고 있음을 보게 된다. 그러나 우리는 한눈팔지 말고 집중하자. 마지막 때의 모든 징조들, 곧 악이 횡행하고, 지진이 일어나고, 불법이 난무하고, 절망이 가득하지만, 동시에 하늘의 하나님이 천국을 세우고 계신다. 보라, 천국이 가깝다.

Chapter 2

우리가 경험할 수 있는 천국

회개하라 천국이 가까이 왔느니라

_마태복음 4:17

❖

가을 해가 요단강 수면을 비추며 일렁이고 있었지만, 선지자의 영 안에서 타오르는 불꽃보다 밝지 않았으리라. 태어날 때부터 받은 예언적 부르심, 그 소멸되지 않는 사명은 세례 요한의 열정을 더욱 뜨겁게 지폈다. 심지어 예수님이 탄생하시기도 전에 천사장 가브리엘은 요한이 태어날 것과 그의 사역에 대해 알렸다 (눅 1:11-20). 성경은 요한의 부모가 "나이가 많더라"(눅 1:7)고 함으로써 초자연적으로 잉태되었음을 밝힌다.

요한의 아버지이자 제사장인 스가랴는 하나님의 징계에서 초자연적으로 구원받는 기적을 경험했고, 이 모든 것은 요한이 하나님께 받은 특별한 부르심에 대한 기대감을 고조시켰다. 이스라엘의 제사장들은 어려서부터 선지자를 보호하고 훈련시켰다. 요한은 천사의 지시에 순종하여 태에서부터 나실인으로 전능하신 분께 구별되었다. 그는 머리에 손을 댄 적도, 술을 입에 댄 적도 없었다. 청소년이 된 요한은 자신의 소명을 이해하고 확인하고자 유다의 산지에 있는 집을 떠나 유대 광야에서 오랫동안 세상과 단절된 채 외로이 지냈다. 결국 그는 인생의 거의 3분의 2를 하나님의 말씀과 함께하며 광야에서 보냈고 광야의 적막함과 고요함만이 그의 동반자였다.

요한에게 거룩한 두루마리(성경)는 신성한 진리의 보고 그 이상의 것이었다. 그것은 자신의 특별한 사명에 대해서도 상세히 설명하고 있었다. 17절에서 천사가 말한 것처럼 그가 "주 앞에 먼저 올 자"(17절)라면, 분명 성경에서 그 근거를 발견할 수 있을 것이다. 요한은 엘리야였을까? 모세가 말한 그 선지자였을까? 아니면 말라기 선지자가 말한 그 언약의 선지자였을까? 이 질문의 답을 찾으면, 메시아가 오시는 것에 대한 답 또한 얻게 되리라.

과연 그의 사역이 시작되자 사람들은 그에게 물었다. "당신은 엘리야입니까?"

요한은 아니라고 대답했다. 사람들은 "당신이 그 선지자입니까?"라고 물었는데, 이는 모세처럼 이스라엘을 이끌 자냐는 질문이었다. 다시 요한은 "아니요"라고 대답했다. 사람들이 재촉했다. "당신은 누구입니까? 당신은 당신 자신을 무엇이라 합니까?"(요 1:21-22).

타는 듯이 뜨거운 광야에서 보낸 세월은 요한에게서 불필요한 것 전부를 제거해냈다. 성령의 정결케 하심으로 가장 참된 본질에 이르게 되자 그는 선지자 이사야의 책에서 자신의 역할을 발견했다. 그러자 주의 말씀이 광야에 있는 요한에게 임했다. 그는 "광야에서 외치는 자의 소리가 있어 이르되 너희는 주의 길을 준비하라 그의 오실 길을 곧게 하라"(눅 3:4)는 말씀의 성취였다. 그는 메시아께서 오실 길을 준비하게 될 것이었다.

몇 달 후 세례 요한과 제자들은 요단 계곡 상류와 하류를 오

가다가 살렘 가까운 애논에 잠시 머물러 있었는데, 이곳은 강이 깊어지면서 넓어지는 곳으로 자신을 따르는 많은 무리들에게 세례를 줄 수 있는 곳이었다.

세례 요한은 가는 곳마다 동일하고도 강력한 메시지로 무리를 설득했다. "회개하라 천국이 가까이 왔느니라"(마 3:2). 천국이 가까이 왔다고? 이것은 천국이 손에 닿을 만큼 가까워서 만질 수 있고 들어갈 수 있다는 말이었다.

그런데 정말로 천국에 들어갈 수 있다는 말인가? 광야에 거하는 선지자라면 몰라도 평범한 사람들도? 이스라엘은 전통적으로 유일하신 하나님을 믿었다. 수백 년 동안 레위인 제사장들이 하나님 앞에서 섬겼는데, 처음에는 이동식 성막과 그 안의 작은 지성소에서, 그 후에는 성전에서 섬겼다. 그런데 선지자 요한이 천국 자체가 가까이 왔다고 선포한 것이다.

천 년이 넘는 동안 선지자들은 영적 대면과 예언 성취의 위대한 시대가 올 것이라고, 나라들이 주의 유업을 경험할 때가 올 것이라고 예언했다. 또한 수많은 시편에 열방 나라들이 이스라엘의 하나님 여호와 앞에 엎드려 예배할 영광스러운 때가 올 것이라고 예고되었다. 실제로 아브라함은 "많은 민족의 조상"(롬 4:17)이라 불리지 않았는가? 이사야는 열방이 하나님의 빛으로 나아올 때가 있을 거라고 기록했다. 다니엘, 에스겔, 예레미야 외의 소선지자들은 "여호와의 크고 두려운 날"(욜 2:31)을 예고했다. 그때

온 땅이 하나님의 주권 아래 굴복하고 다시 하나 될 것이다.

요한은 오랫동안 기다려온 이 나라가 메시아께서 세례를 받으심으로 임할 것이라 확신했다. 주님은 요한에게 그 나라를 세우라는 과업을 주지 않으셨다. 다만 그 길을 예비하라고 하셨을 뿐이다. 요한은 건축자가 아니라 전령이었다. 하나님은 선지자 요한에게 그 나라가 어떻게 임할지 자세히 계시하지 않으셨다. 성령님은 단지 요한에게 무엇을 찾으라 하지 않으시고 누군가를 기다리라고 하셨다.

우리 시대를 주님의 관점으로 보면, 어둠이 온 땅을, 깊은 어둠이 사람들을 덮고 있음을 보게 된다. 그러나 우리는 한눈팔지 말고 집중하자. 마지막 때의 모든 징조들, 곧 악이 횡행하고, 지진이 일어나고, 불법이 난무하고, 절망이 가득하지만, 동시에 하늘의 하나님이 천국을 세우고 계신다. 보라, 천국이 가깝다.

Chapter 3

구속의 찬송이 시작되다

내가 붙드는 나의 종, 내 마음에 기뻐하는 자

곧 내가 택한 사람을 보라

내가 나의 영을 그에게 주었은즉

그가 이방에 정의를 베풀리라

_이사야 42:1

❖

세례 요한이 천국이 가까이 왔다고 선포하고 6개월 정도 지난 후, 작은 유대 마을 나사렛의 한 목수가 마지막으로 장비를 정리하고 작업장을 청소했다. 평범한 직업을 가진 무명의 사람으로 계시던 이스라엘의 메시아께서는 드디어 자신의 때가 왔다는 걸 아셨다.

그에게는 사람의 마음을 끌 만한 중후함이나 위엄 있는 모습이 없었다. 그러나 이 겸손한 목수의 평범한 겉모습 안에는 더할 나위 없이 귀하고 가치 있는 마음이 있었다. 그것은 천국에서조차 비할 데 없이 귀하고 값비싼 진주였다. 사랑의 음성과 능력 안에서 민감하게 이 목수는 모든 것의 구속 가능성을 보았다. 죽어서 말라버린 나무를 아름답고 쓸모 있게 만든 것처럼, 심지어 가장 황폐한 영혼들의 변화 가능성을 보았다. 그는 기쁨으로 충만했고, 심령이 어린아이 같았으며, 태고의 지혜를 가지고 있었다. 불안이나 야망이나 시기심이 전혀 없던 이 목수는 하나님의 마음을 충족시켜 드렸다.

이방인의 세상에 예수로 알려지게 될 분이 이제 사역을 시작하여 하늘의 유업을 받으실 때가 되었다. 예수님은 나사렛 서쪽의 산에서 기도하시곤 했다. 그날 저녁에도 다시 그 산으로 가셔서 하늘 아버지의 사랑의 품에 안기셨다. 다음 날 아침, 나사렛 예수님은 해뜨기 전에 일어나서 옷을 입고 요단강으로 출발하셨다. 하나님의 음성에 순종하는 법을 배우고 사랑의 교훈을 깊이 경험하며 어쩌면 가장 중요하게는 이해할 수 없을 정도로 심오한 소명의 부담과 씨름하면서 30년간 준비한 모든 과정이 요단강으로 향하는 좁고 마른 길을 가시는 그분의 걸음이 되었다. 하나님 아버지의 큰 기쁨의 빛이 마치 찬란한 빛의 겉옷처럼 그분을 감쌌다.

세례 요한의 사역이 이스라엘 전역으로 퍼져 나가면서 메시아의 삶에도 영적 활동에 대한 감동이 점점 커져 가고 있었다. 예수님의 등장에 앞서 세례 요한이 회개를 선포했고, 이제 머지않아 예수님의 삶을 통해 기적과 능력이 나타나게 될 것이었다. 하지만 이 시기에 예수님은 비통함을 다시 경험하시게 되었다. 사랑하기에 겪을 수밖에 없는 그런 슬픔이었다. 최근 몇 달도 예외가 아니었다. 아직 그분의 때가 오지 않았기 때문이었다.

이제 공적으로 사역하실 때가 다가오자 깊은 안식이 갈릴리의 예수님 위에 임하기 시작했다. 생명 에너지, 비전, (미)덕이 함께 임하여 큰 공연을 앞둔 교향악단 연주자의 악기들처럼 조율을 마쳤다. 각각의 덕이 흠잡을 데 없이 완벽하게 맞춰지고, 저마다의 의로운 열정이 최고의 능력을 발휘했다. 언뜻 보기에는 예수님의 삶이 조화를 이루지 않는 경험으로 가득한 것처럼 보였을지도 모르겠다. 사실 이 시기 전반에 걸쳐 깊이 역사하는 강력한 은혜, 곧 인내와 평화, 하나님에 대한 경외와 사람에 대한 두려움 없는 사랑, 겸손과 권위가 완벽하게 공존하며 충만하게 모여 있었다.

날이 밝아 올 때 예수님은 자신의 삶의 위대한 지휘자이신 하늘 아버지께서 일어나셨다는 것을 온전히 인식하셨다. 아버지의 손에는 지휘봉이 들려 있었다. 그분이 지휘를 시작하시자 예수님의 영혼의 모든 거룩한 부분들이 경배하며 압도되어 침묵하고 순복되었다. 가장 성스러운 삶의 콘서트장을 빙 둘러싼 천사들도 숨죽여 지켜보고 있었다. 전능하신 하나님께서 천천히 팔을 높이 들어 올리셨다. 기다림의 시간은 끝났다. 영원한 교향곡인 그리스도의 구원의 찬송이 이제 시작될 것이다.

Chapter 4

주 앞에 먼저 온 자

여자가 낳은 자 중에
세례 요한보다 큰 이가 일어남이 없도다

_마태복음 11:11

❖

　이제 막 도착한 사람들이 요단강 하류 강둑을 따라 모여들었고, 구불구불한 길을 따라 운집한 무리에서부터 강가로 인간의 지류가 흘러나오고 있었다. 이른 아침부터 사람들이 모여들기 시작하더니 늦은 오전이 되자 유대의 뜨거운 태양 아래 수백 명이 운집해 있었다. 머리 위 공중에서는 독수리 한 마리가 맴돌며 자기 영역을 침범한 군중을 향해 울어대고 있었다.

　요단강으로 이어진 메마르고 구불구불한 길에는 세례 받으려는 사람들이 점점 더 모여들었다. 큰 무리의 사람들도 있었고, 둘씩 짝지어 오는 사람들, 혼자 오는 사람들도 있었다. 그 길 끝 둔덕 위에는 평평한 지대가 있었다. 모두 이 선지자의 말을 듣고자 하는 마음을 억제할 수 없어서 온 것이었다. 결국 예루살렘, 유대, 요단 전역의 거의 모든 성인이 이 거친 광야로 먼 길을 걸어왔다. 거룩한 경외심이 그들을 이끌었다. 그들은 하나님의 손길에 이끌려 선지자의 음성을 들으려고 서둘렀다.

　이스라엘은 선지자들의 땅이었다. 주님은 한 선지자를 통해 이스라엘을 애굽에서 해방하셨고, 한 선지자를 통해 나라를 보존하셨다. 반면, 그리스의 역사는 철학자들과 장군들이, 페르시아의 역사는 점성가들과 왕들이 이끌었다. 그러나 히브리인들의 운명은 그들의 하나님 여호와와 그분의 종들, 곧 선지자들과 떼

려야 뗄 수가 없었다. 실제로 세대마다 선지자들의 메시지를 통해 하나님의 뜻이 이스라엘의 문화와 정체성에 주입되었다. 선지자들은 하나님의 사랑을 나타내는 살아 있는 상징이었다. 그들은 하나님의 질투의 불길로 타올랐다. 때로는 엄하게 늘 불굴의 자세로 싸우고 저항했던 선지자들은 하나님이 히브리인들에게 주신 선물이었다. 그러나 선지자의 음성이 거의 들리지 않은 채 400여 년이 흘렀다. 이제 "하나님의 음성"이 다시 임했고, 택함받은 백성들 가운데 오랜 열망이 일어났다.

세례를 베푸는 자로 알려진 요한이 허리까지 오는 요단강 흙탕물 속에 서 있었다. 30년 동안 손을 대지 않고 기른 머리카락이 땀과 흙탕물에 젖어 그의 등과 어깨에 달라붙어 있었고, 긴 수염도 갈색 낙타 가죽옷에 달라붙어 있었다. 제자들은 강둑을 따라 일렬로 서서 그의 말에 귀 기울이며 함께 기도한 다음 회개하는 유대인들에게 세례를 베풀었다.

큰 두려움과 기대가 임한 날이었다. 예언이 성취될 거라는 경이와 기대감이 사람들에게 가득했다. 무리들은 하나님께서 세례 요한을 선지자로 보내셨기에 그의 말에 능력이 있다는 사실을 알았다. 요한은 영적으로 둔감한 사람들의 기분을 거스를까 주저하는 태도가 전혀 없었다. 모두 고개를 숙이게 한 다음 눈을 감고 조용히 기도하게 하는 스타일이 아니었다. 그는 사람들에게 공개적으로 소리 내어 죄를 자백함으로써 악을 진심으로 미워한다는 사실을 드러내라고 말했다. 이 불 같은 예언자는 겉치레가 전혀 없었고 인사치레로 말하는 것조차 거짓말이나 마찬가지라고 여겼다. 그에게는 꾸며낸 모습이 없었다.

요단강 강둑 높은 곳에는 이스라엘의 종교 엘리트인 바리새인들이 서 있었다. 그들은 자신들을 겸손히 낮추려고 온 것이 아니었다. 요한을 관찰하고 비판하기 위해온 것이었다. 바리새인은 종교 지도자 계급이었다. 그들 중에는 이스라엘의 율법을 필사하고 편집하는 박식한 교사들인 서기관들도 있었고, 성전 제사 때 제사장으로 섬기는 이들도 여럿이 있었다. 바리새인들은 부활, 천사, 기적을 믿었다. 안식일을 부지런히 지켰고, 충실하게 자기 집 마당에서 자라는 채소의 십일조까지도 했다. 이마와 손목에는 율법의 핵심 구절이 들어 있는 경문 상자를 가죽 끈으로 매달고 다녔다.

바리새인들은 세례 요한이 태어나기 약 200년 전에 등장했다. 그들은 헬레니즘으로 제국을 통치하려는 시리아에 대항해 유대 문화를 지키고 보호하기 위해 싸운 마카비 가문의 계승자들이었다. 바리새라는 이름은 "구별된 자들"[1]이라는 뜻으로, 이스라엘을 이방 문화에 오염되지 않게 하려는 의도가 나타난다. 그

---

1) "마가복음 2:1~3:6—예수님께서 종교적 '전문가들'과 충돌하시다'", 2023년 11월 15일, Christian Study Library, https://www.christianstudylibrary.org/article/mark-21-36-jesus-clashes-religious-"experts".

러나 시간이 지나면서 바리새인들은 동족인 유대인들과도 거리를 두고 자신들이 이스라엘 가운데 우위에 있다고 착각했다.

요한과 제자들이 강에서 사람들에게 세례를 행할 때, 바리새인들은 팔짱을 끼고 냉담하게 그들의 사역들을 지켜봤다. 서기관들은 요한의 교리에 의문을 표하며 문제를 제기했다. 바리새인들은 모세의 자리에 앉아서 이스라엘의 종교적 전통을 지킨다고 스스로 주장하면서 이 새로운 세례 의식을 멸시했다.

그들은 "우리에게는 몸을 씻는 정결법이 있지만, 이렇게 엉터리로 세례를 행한 적은 없다!"라고 주장했다. "거룩한 두루마리는 완결된 책이다. 우리는 진리를 새로 이해할 필요가 없어"라고 그들은 문제를 제기했다. 자기의(self-righteousness)에 빠져 있는 그들에게는 요한의 열정이 통하지 않았다. 이 선지자, 곧 요한은 종교 지도자들의 그러한 종교적, 문화적 오만이 싫었다. 교만의 요새 안에 안주하고 있는 그들에게는 나라를 휩쓸고 있는 겸손, 경건한 애통, 기도의 물결도 침투하지 못했다.

요한은 이미 오래전부터 두려움 없이 진리를 말하겠다고 마음먹었다. 그는 박해, 고난, 역경, 거절을 선지자의 특권으로 여겼고, 오히려 자신의 진정성이 나타난다고 생각했다. 그는 무리를 향해 설교하고 있었다. 그러다가 바리새인들을 응시하였다. 그는 그들의 허세와 외적 위선을 꿰뚫어 보고, 그들의 시커먼 마음과 뒤틀린 태도를 지적했다. "독사의 자식들아 누가 너희에게 일러

장차 올 진노를 피하라 하더냐"(눅 3:7). 그들은 자신들을 다른 사람보다 높은 산이나 언덕이라고 생각했지만, 여호와께서는 스스로 높아지는 자마다 낮아질 것이라고 약속하셨다(눅 14:11). 요한은 일차적으로 바리새인을 대상으로 그렇게 말했다. 그러자 바리새인 중 소수가 회개했다. 나머지 바리새인들은 아무것도 깨닫거나 느끼지 못했고 마음이 더 완악하고 차가워졌을 뿐이었다. 요한은 교만과 자기 의의 "산"이라는 죄를 공격했다. 그뿐만 아니라 인간의 본성 안의 골짜기에는 두려움, 도덕적 실패, 자기 연민 때문에 생기는 어두운 억압과 영적 마비가 있었다. 선지자 요한은 이제 무리의 마음속에 있는 그런 낮은 곳들을 응시했다. 그의 눈길이 번개처럼 닿자 많은 사람의 의지를 붙잡고 있던 내면의 타협과 죄책감이 순복했다. 그러자 사람들은 떨었고 거룩한 기대, 곧 소망이 일어났다. 살아 계신 하나님께서 이스라엘에 다시 임하셨다.

이것은 의식이나 종교가 아니라 여호와의 통치에 완전히 순복하는 것이었다. 세례 받은 사람들은 회개하는 시늉만 한 것이 아니라 뜨겁게 간절히 진심으로 회개했다. 세례를 받은 많은 이들이 그 자리를 쉽게 떠나지 못하고 여전히 물속에 있었다. 그들은 서서 손을 떨며 거룩한 슬픔에 잠겨 있었다. 살아 계신 하나님이 영혼의 너저분한 죄를 드러내셨고 이제 부드럽게 제거해 주고 계셨다. 요한은 날마다 말씀을 선포했고, 무리도 매일 집과 마을을 떠나 황량한 광야로 걸어 들어왔다. 그들은 자신들의 죄악 때문에 울며 통곡하고 애통하게 될 것을 알면서도 왔다.

하지만 단순히 회개에만 마음이 끌린 것은 아니었다. 회개는 이 선지자가 전하는 메시지의 절반에 불과했다. 사람들은 "천국이 가까이 왔느니라!"는 세례 요한의 선포가 이뤄지길 두근거리는 마음으로 기대했다.

선지자들은 하나님의 사랑을 나타내는 살아

있는 상징이었다. 그들은 하나님의 질투의

불길로 타올랐다. 때로는 엄하게 늘 불굴의

자세로 싸우고 저항했던 선지자들은 하나님

이 히브리인들에게 주신 선물이었다.

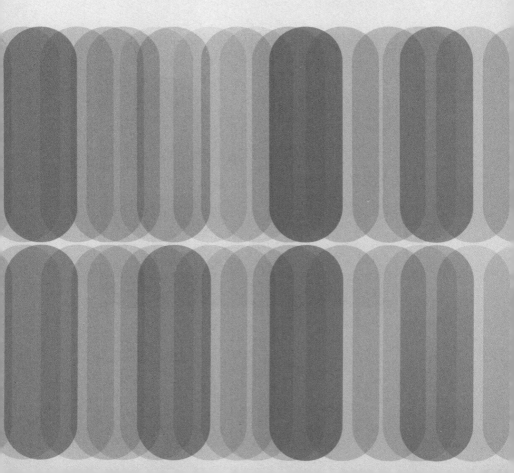

Chapter 5

이 땅 위의 하나님

너는 내 사랑하는 아들이라

내가 너를 기뻐하노라

_마가복음 1:11

❖

　요단강은 나사렛에서 수 킬로미터 떨어진 곳에 있었다. 하지만 예수님은 걸어서 요단강 건너 훨씬 멀리에 있는 베다니, 요한이 세례를 베풀고 있는 곳으로 가셨다. 늦은 오후 예수님은 무리 뒤편에 자리를 잡으셨다. 나사렛 예수님은 사람들을 따라 이동하시다가 강둑 아래로 내려가셔서 강가의 작은 공간에 다다르셨다. 그분은 강으로 걸어 들어가셔서 요한을 응시하셨다.

　그 순간 요한은 광야에서 주의 말씀이 생생한 영광의 불꽃으로 임했던 놀라운 날이 생각났다. 그곳, 그 황량한 광야에서 전능하신 하나님의 성령이 선지자 요한을 감싸 안으셨고, 그는 "하나님께로부터 보내심을 받은 사람"(요 1:6)이 되었다. 그런데 지금 그때와 똑같은 경외심이 그의 마음을 사로잡았다. 그 생생한 영광이 다시 임하고 있었다. 신성한 생명이 대기 중에 충만하여 영원한 빛의 물결이 눈부시게 고동치면서 앞에 계신 그분 외에 모든 것을 소멸시켜 버렸다.

　요한은 예수님의 마음속을 들여다보았다. 지금까지 온 모든 사람과 달리 예수님의 마음에는 죄가 없었다. 예수님의 영혼 구석구석을 살펴보았지만, 오만도, 정욕도, 두려움도, 교만도 없었다. 자신의 영으로 살펴보았던 수많은 사람 중에 이와 같이 온전하고 순수한 마음을 가진 이는 없었다. 하지만 요한은 이 목수,

곧 예수님의 순결함뿐만 아니라 지금까지 본 적이 없는 더 놀라운 면에 깜짝 놀랐다. 그는 하나님의 율법을 충족시키실 뿐만 아니라 하나님의 사랑과 일치되는 분이었다.

요한의 메시지는 언제나 뜨거운 사막의 태양처럼 강렬했고 그의 낙타털 옷만큼이나 거칠었다. 그의 말은 망치가 되어 사람들의 완악한 마음을 부서트렸다. 사람들은 요한을 두려워했다. 반면에 예수님은 사람들의 마음에 소망을 주셨다. 선지자 요한 앞에 서 계신 분은 완전한 사랑이었다. 굳세고 확신에 찬 완전한 사랑에 철저하게 무장해제 되었다. 요한은 두려움이 없었기에 오래전에 목숨을 걸고 진리를 말하기로 결심했었다. 그는 박해, 고난, 어려움, 거절을 진실함의 징표로 여기고 기뻐했다. 하나님을 위해 고난을 겪는 것은 예언적 특권이었다. 그러나 요한은 예수님 앞에서는 최악의 죄인일지라도 그분을 피난처로 삼을 수 있다는 사실을 알았다. 그는 예수님의 거룩함에 놀랐을 뿐만 아니라 그 평안에 압도되었다. 요한은 자신의 필요를 솔직히 털어놓을 수 있었고 거절당하거나 정죄당하지 않을 것을 알았다.

예수님이 눈을 들어 요한을 바라보셨다. 요한은 무리들과 곁에서 돕는 제자들은 까맣게 잊은 채, 참지 못하고 "내가 당신에게서 세례를 받아야 할 터인데"(마 3:14)라고 외치고 말았다. 예수님은 선지자 요한의 가슴에 가만히 손을 얹어 그의 떨리는 영혼을 진정시키셨다. 이스라엘의 기름부음 받은 분이 목소리를 낮추어 거의 귓속말로 요한에게 부탁하셨다. "이제 허락하라 우리가 이와 같이 하여 모든 의를 이루는 것이 합당하니라"(마 3:15). 예수님은 그렇게 말씀하시면서 강물 속에서 요한 앞에 무릎을 꿇으셨다. 요한은 주저했지만 결국 그분의 양어깨에 손을 얹고 뒤로 눕혀 강물에 푹 잠기게 했다(강물로 침례를 행했다). 그분이 물에서 나오실 때, 그분 위로 하늘이 열리더니 성령님이 강림하여 메시아의 어깨 위에 부드럽게 머무셨다.

요한은 전능하신 분께 메시아의 모습에 대해 자세하게 알려 달라고 구한 적이 있었다. 하나님이 기름부으신 분은 어떤 모습일까? 메시아께서는 제사장들로부터 나오실까? 아니면 전능하신 분께서 광야에서 훈련시키신 요한 자신과 같은 영적 체험을 한 선지자일까? 만군의 여호와의 군대 장관처럼 칼을 차고 있는 전사의 모습일까? 이미 이스라엘에는 수많은 거짓 메시아들이 나타났다. 따라서 요한은 참된 메시아를 알아볼 수 있는 방법을 알려 달라고 구했다.

그러자 전능하신 하나님께서 요한에게 확인할 수 있는 징표를 알려 주셨다. "성령이 내려서 누구 위에든지 머무는 것을 보거든 그가 곧 성령으로 세례를 베푸는 이인 줄 알라"(요 1:33).

지금 요단강에서 그 징표가 나타났다. 하나님 아버지께서 예수님에 관해 들리는 음성으로 말씀하셨고 요한은 그 음성을 들었다. "이는 내 사랑하는 아들이요 내 기뻐하는 자라."

인간의 이해를 초월하는 신비로운 순간이었다. 역사상 처음이자 유일하게 하나님의 본질이 천국에서처럼 이 땅 위에 성부, 성자, 성령으로 계시되었다.

예수님을 만나자 선지자 요한의 내면 깊은 곳에 있던 불안이 사라졌다. 무리는 그 변화를 눈치 채지 못했지만, 그의 제자들은 알았다. 지금까지 다소 급하고 강하던 요한의 영이 느긋해졌다. 일선에서 물러날 때가 되었기 때문이 아니었다. 그보다는 하나님의 나라가 펼쳐지는 전환점에 이르렀기 때문이었다. 그때부터 요한은 자신의 영향력은 쇠해야 하고 메시아의 영향력은 흥하게 될 것을 알았다. 그는 이스라엘의 기름부음 받으신 분이 마침내 나타나셨기 때문에 평안했다.

요한의 말과 시선, 영에는 뜨거운 능력이 있었다. 그는 회개의 세례를 베풂으로 길을 예비하도록 보냄을 받은 자였고, 그 임무를 수행했다. 그러나 메시아에게서 나타나는 능력은 그보다 훨씬 더 클 것이었다. 메시아께서는 이스라엘을 하나님 자신의 생명에 푹 잠기게 하시려고 오신 분이었다! 그것은 이 선지자, 곧 요한이 감히 헤아릴 수도 없는 엄청난 권세였다. 그럼에도 요한이 본 그리스도의 마음은 영적으로 너무나 깨끗하고 긍휼이 가득했다. 외적인 모습은 예상과 달랐지만, 하나님에 대한 경외감은 더욱 커졌다. 요한은 메시아를 볼 때 바로 하나님의 얼굴을 보는 것임을 알았다.

그는 하나님의 율법을 충족시키실 뿐만 아니라 하나님의 사랑과 일치되는 분이었다. 하나님 아버지께서 예수님에 관해 들리는 음성으로 말씀하셨고 요한은 그 음성을 들었다. "이는 내 사랑하는 아들이요 내 기뻐하는 자라."

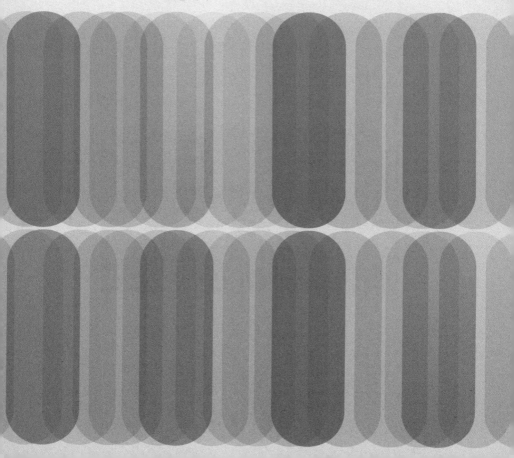

완전한 순복

예수께서 갈릴리에 오셔서
하나님의 복음을 전파하여 이르시되
때가 찼고 하나님의 나라가 가까이 왔으니
회개하고 복음을 믿으라 하시더라

_마가복음 1:14-15

예수님은 여전히 목수 같으셨다. 늘 입던 옷에 머리와 턱수염도 변함이 없었다. 그분의 손에는 여전히 굳은살이 박여 있었고, 침착한 걸음걸이도 마찬가지였다. 그러나 그 내면은 아버지의 빛나는 영광으로 온전히 충만해져 있었다. 수년간 훈련받으며 고난을 통해 순종을 배우고 범사에 온전히 정결함을 유지하신 것이 하나님과의 흠 없는 하나 됨으로 만개했다. 전능하신 하나님은 예수님에게 온전한 계획을 주셨을 뿐만 아니라, 그분께 가장 풍성하게 나아올 수 있게 하셨다.

그리스도께서는 그 마음이 온전히 순복되어 아무 흠 없이 선명하게 아버지를 바라보실 수 있었다. 일시적인 삶과 영원한 삶 사이에 있는 이 거처, 지존자의 은밀한 곳에서 예수님은 아버지의 일하심을 보았다. 그분은 아버지로부터 은밀히 보고 들은 것을 사람들 앞에서 공개적으로 그대로 행하셨다. 이처럼 이스라엘의 메시아께서는 아버지와 완전히 동일한 열정을 가지고 사셨다. 이스라엘 백성이 광야에서 하나님의 영광의 기둥(불기둥, 구름기둥)을 따라갔던 것과 마찬가지로, 예수님께서는 아버지와 온전히 일치된 삶을 사시며 범사에 오직 아버지만이 영광 받으시기를 구하셨다.

지극히 높으신 분께서 밤새 기도하라고 하시면, 예수님은 그렇게 하셨다. 광야에서 40일을 금식하라고 하셨을 때도 그분은 따르셨다. 굶주림과 하나님께 순종하는 것 중 하나를 선택해야 할 때도, 심지어 연약함 가운데 사탄의 시험을 받으면서도 충실히 아버지의 뜻을 따르셨다.

하나님과 산에서 단 하룻밤 교제하신 후 예수님은 아버지께서 지명하신 열두 명을 "특별히 보낼 자들"로 선택하셨다. 그들의 약점, 두려움, 야망을 아시고도, 심지어 그들 중에 도둑이 한 명 있고 나중에 배신할 것을 다 아시면서도 순종하셨다.

치유나 축사의 기적이 필요할 때, 아무리 상황이 절박하더라도 예수님은 앞서 나가시거나 자기 뜻대로 행동하지 않으셨다. 그분은 기도 가운데 아버지께서 치유하려고 하신다는 사실을 깨달으시면 무리의 수에 상관없이 하나님께서 주신 치유 과정을 행하셔서 그들을 모두 고쳐 주셨다. 때로는 아버지께서 무리를 뒤로하고 단 한 사람만 치유할 것을 택하시면, 다른 사람들의 상태가 아무리 비참해도, 예수님은 오직 그 한 사람만 치유하셨다.

하나님 아버지와 영원히 하나 됨을 이루는 것 외에 예수님은 아무것도 스스로 하지 않으셨다. 그분이 성취하신 모든 일과 모든 가르침은 하나님과의 깨지지 않는 친밀함의 결과였다. 예수님의 목표는 스스로 "능한" 존재가 되는 아니라 아버지께 순복하시는 것이었다. 그분은 오래전부터 자기 뜻과 독립성이 아버지의 기쁨 안에 거하는 데 방해가 된다고 말씀하셨다. 예수님의 제자들은 종종 자기 생각과 행동을 참된 믿음과 혼동할 때가 있었다. 하지만 때가 되자 그리스도의 본과 능력으로 먼저 하나님의 음성을 듣지 않고 그분을 섬기려 하는 것이 얼마나 헛된 생각인지 배우게 되었다.

예수님은 제멋대로 행하심으로 아버지를 시험하지 않으셨다. 아버지의 음성에 반응하는 믿음과 자기 의지로 만들어낸 종교의 차이를 아셨다. 후자는 믿음을 모방할 뿐 지속적인 변화를 일으키지는 못했다.

예수님의 능력의 근간이 된 것은 기적을 일으키고 싶은 마음도, 인간의 고통을 해소해 주려는 마음도 아니었다. 범사에 예수님의 첫 번째 목표는 하나님을 기쁘시게 하는 것이었다. 아버지께서 무엇을 시키시든 그분은 행하셨고, 사람의 칭찬이 아니라 하나님의 칭찬을 성공의 기준으로 삼으셨다.

그로 인해 아버지께서 그 아들에게 성령을 한량없이 주셨고, 더 큰 능력과 더 많은 기적들이 일어났다. 그러한 기적들로 예수님의 명성은 드높아져갔다. 그러자 곧 예루살렘과 유대, 요단강 너머에서 온 유대인 무리들이 메시아께 모여들어 배우고 치유 받고 해방되고자 했다. 기적이 많이 일어나자 예수님의 능력에 대한 소문이 이방인들에게도 퍼졌다. 갈릴리, 사마리아, 데가볼리, 시리아 전역에서 수많은 무리들이 병자, 귀신 들린 자, 뇌전증 환자, 마비된 환자를 데려왔다. 유대인과 이방인 모두가 예수님께 왔고, 그분은 무수히 많은 이들을 건강하게 치유시켜 주셨다.

예수님은 요한에게 세례를 받으시고 이어서 광야의 시험을 받으신 후, 고향 집 나사렛을 떠나 가버나움으로 옮기셨다. 그분은 아침에 일찍 일어나 갈릴리 바다로 걸어가셨다. 갈매기 소리, 주기적으로 들려오는 작은 파도 소리, 바다 냄새가 좋았다. 갈릴리 해안 여기저기에서는 밤새 조업을 마친 수백 척의 배들과 어부들이 잡은 물고기를 분류하거나 그물을 수선하고 있었다.

어부들은 떠들썩하고 허풍스러우며 경쟁심이 강하지만, 정직하고 다가가기 쉬운 사람들이었다. 아마도 그래서 처음에 선택된 네 제자가 어부였을 것이다. 그분을 알아본 몇 명이 하던 일을 멈추고 해변에서 예수님과 함께하며 대화를 나누고 소리 내어 웃었다. 해가 뜨거워지자 예수님은 그들에게 작별을 고하고 가버나움 서쪽 동산으로 가셨다. 그러자 상당한 숫자의 어부들과 주변 마을에서 온 사람들이 따라왔다. 예수님의 제자들도 오자 정오쯤에는 상당히 큰 무리가 되었다.

그러나 그곳으로 올라가신 예수님의 의도는 사역이 아니라 제자들을 훈련시키시는 것이었다. 예수님은 무리가 계속 늘어나는 것을 보시고 근처의 산으로 올라가셨다. 예수님의 발걸음은 요한에게 세례 받으러 가실 때만큼이나 진중했다.

하나님의 기적을 나타내어 무리를 치유하고 구원해내는 것도 중요하지만, 택하신 제자들을 훈련하여 하나님의 길을 계시하시는 것도 중요한 일이었기 때문이다.

2부에서는

팔복의 독립성과 연계성을 훈련의 단계적 변화를 통해

가르친다.

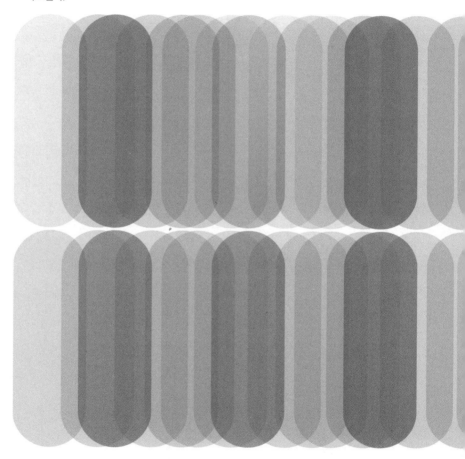

산상수훈

우리의 태도(Be-Attitude)

PART 2

Chapter 7

제자들

예수께서 무리를 보시고 산에 올라가 앉으시니
제자들이 나아온지라 입을 열어 가르쳐 이르시되

_마태복음 5:1-2

참된 제자라면 곧 그리스도를 닮아가는 과정에 지름길이란 없다는 것을 깨닫게 된다. 오히려 그 과정을 연장시키는 길들만 있을 뿐이다.

주님은 무리가 몰려오는 것을 보시고 근처 산으로 올라가 앉으셨다. 그러자 제자들이 나아왔다(마 5:1). 무리 중에는 예수님에 대한 호기심으로 찾은 이들도 있었겠지만, 주님의 일차적 목표는 제자들을 명확한 주제로 훈련하는 것이었다. 그는 인간의 문화 중에 천국 영토를 개척하러 오셨다.

메시아께서는 유대인으로 태어나셨지만, 그 본질은 영원하신 분이었다. 그렇다. 그리스도께서는 모세의 법에 대해 말씀하셨지만, 마음속에 감춰진 면들을 깊이 탐색하는 것이 그분의 목적이었다. 그분이 오셔서 세우신 것은 유대교의 한 분파가 아니었다. 그분은 이 땅에 천국을 개척하기 위해 오신 것이었다. 따라서 제자들은 그분의 가르침을 알아야 할 뿐만 아니라, 천국의 삶을 알고, 그분의 능력과 인격을 모두 나타내야 했다.

하지만 어떻게 해야 제자들이 참된 영적 삶을 살게 할 수 있을까? 제자들은 거의 모든 면에서 주와 달랐다. 주님은 죄가 없는 분이었지만 제자들에게는 죄성이 있었다. 그분은 강하셨지만, 제자들은 약했다. 주님은 하나님의 뜻에 순복하셨지만, 제자들에게는 야망이 있었다. 그들에게는 변화되는 과정이 필요했다.

예수님은 제자들을 훈련시키기 시작하시면서, 스스로를 진단할 수 있는 영적 기준들이 있다는 것을 분명히 밝히셨다.

마태복음 5장 2절은 예수님이 "입을 열어 가르쳐 이르시되"라고 말씀한다. 그분이 입을 열어 가르치기 시작하시자 가장 강력한 말씀이 그 숭고한 목적을 이루기 시작했다. 사람의 마음이 그리스도의 기준을 따르기 시작했다. 오늘날 우리는 팔복이라고 부르는 것에서 내적 변화의 비밀을 발견하게 된다.

> 참된 제자라면 곧 그리스도를 닮아가는 과정에
> 지름길이란 없다는 것을 깨닫게 된다.
> 오히려 그 과정을 연장시키는 길들만 있을 뿐이다.

단계들

그리스도가 행하신 사역의 슬로건을 "회개하라 천국이 가까이 왔다"라고 한다면, 또 그 가르침의 본체가 천국의 원리에 초점이 맞춰져 있다면, 팔복은 천국의 삶이 드러나는 단계들이라고 할 수 있다.

심령이 가난한 자를 위한 첫 번째 복을 생각해 보자. 예수님은 "천국이 그들의 것임이요"(마 5:3)라고 말씀하신다. 그분은 "그들이 천국에 갈 것이다"라고 하지 않으신다. "천국이 그들의 것임이요"(현재형)라고 말씀하신다. 팔복을 끝내시며 예수님은 의를 위하여 박해를 받고 비난받는 자들에게 "천국이 그들의 것임이라"고 현재형으로 말씀하셨다.

물론 우리의 영적 여정은 죽은 후에 천국에 들어간다는 확신으로 시작하지만(요 3장 참조), 그리스도께서는 천국이라는 영역이 이 지구에 살고 있는 우리에게 임했다고 선포하셨다. 성령님을 통해 우리에게 나타난 그리스도의 인격이 바로 그 방법이며 길이다. 예수 그리스도를 통하면 천국은 더 이상 멀리 있지 않다. "가까이"에 있다. 우리가 서 있는 곳에서 손에 닿을 만큼 가깝다.

주님은 오늘날 우리가 팔복이라 부르는 것으로 그분의 가르침을 시작하셨다. 팔복을 뜻하는 영어 Beatitudes는 무엇이 우리의 태도(attitude)가 되어야(be) 하는지를 나타낸다. 우리의 첫 단계는 예수님이 가르치신 대로 팔복의 처음 네 가지 복을 기준으로 회개의 시간을 가지는 것이다. 우리의 목표는 자아를 깨뜨리고 겸손하게 하나님의 말씀을 갈망하는 것이다.

Pray ....

주님, 저는 예수 그리스도의 제자입니다. 저는 변화되는 과정에 있습니다. 이 말씀을 읽으면서 변화될 수 있도록 계속 은혜를 베풀어 주시고 말씀으로 제 마음속에서 역사하소서. 제 자신에 대한 진리를 보게 하셔서 하늘에서 이루어지는 것이 땅에서 이루어지는 주님의 나라를 경험하게 하소서. 아멘.

하나님 아버지와 영원히 하나 됨을 이루는
것 외에 예수님은 아무것도 스스로 하지 않
으셨다. 그분이 성취하신 모든 일과 모든 가
르침은 하나님과의 깨지지 않는 친밀함의 결
과였다. 예수님의 목표는 스스로 "능한" 존
재가 되는 것이 아니라 아버지께 순복하시
는 것이었다.

Chapter 8

팔복

입을 열어 가르쳐 이르시되

_마태복음 5:2

❖

　마태복음에 따르면, 예수님이 가장 먼저 가르치신 것은 "회
개하라 천국이 가까이 왔느니라"(마 4:17)였고, 그다음에 가르치신
것이 팔복이었다. 회개와 팔복이 연결된 건 우연이 아니었다. 팔
복은 천국을 소유한 자들의 태도를 나타낸다. 팔복은 그렇게 하
라는 명령이 아니라, 천국이 우리의 삶에 펼쳐질 때 경험하게 될
영적 측면들을 보여준다.

　각각의 팔복은 우리가 영적으로 이미 받았으며, 각 복의 특별
한 은혜와 고유의 특성이 나타난다. 이것은 사람의 결단이나 생
각으로 성취되는 것이 아니라, 하나님이 완성하시는 일들을 나타
낸다. 이것은 그리스도를 따르는 이의 마음속에 세우신 하나님의
내적 역사이다. 그렇다. 믿는 자가 은혜의 역사하심에 전념하고
협력해야 하지만, 이것은 사람이 아니라 하나님이 하시는 일이다.
천국의 목적은 우리의 필요를 공급하는 것뿐만 아니라, 우리를
완전하게 하는 것이라는 사실을 알아야 한다.

　복을 받는다는 것은 하나님이 우리의 내면을 빚어 주시는 것
이다. 그분의 손으로 아담을 빚으신 것처럼, 우리가 하나님의 형
상으로 변화되는 그날까지 자신을 따르는 각각의 영혼을 다시 빚
으셔서 우리의 생각과 상상을 새롭게 고치시고 우리의 태도를
바꾸신다. 그러므로 복을 받는 것은 단순히 재정이 증가하거나

더 많은 물질을 누리는 것이 아니라 우리가 지극히 높으신 분께서 거하시는 살아 있는 처소가 되는 것이다. 하나님이 고쳐 주신 마음속에 참으로 그분이 거하신다.

서로 연결되어 있는 살아 있는 실재들

팔복은 서로 연결되어 있는 실재를 보여준다. 신성하게 배열되어 있기에 하나의 진리가 그 뒤에 이어지는 진리를 깨닫는 기반이 된다. 다시 말해서 긍휼히 여기는 자가 참된 겸손을 이해하지 못한다면, 그는 하나님의 긍휼을 온전히 아는 것이 아니다. 참된 겸손은 자신의 영의 가난함을 알고 자신의 죄로 인해 애통한 결과이기 때문이다. 또한 먼저 긍휼이 여기고 의에 주리고 목말라야만 마음이 진정으로 청결한 것이다.

물론 각각의 절이 전달하는 팔복의 진리는 그 자체로 소중하고 중요하다. 대부분의 그리스도인들이 여기에 기록된 팔복의 연결성을 알지 못한 채 영적으로 성숙하고 있다. 그러나 팔복을 서로 상관없는 개별적인 문장이 아니라 전체적으로 살펴보면 훨씬 큰 유익이 된다. 진정 이 여덟 가지 복이 하나로 연합되어 우리의 복된 태도(the Be-atitudes)가 되면, 신성한 진리의 교향곡이 만들어진다. 여덟 가지가 함께 언급될 뿐만 아니라, 잘 어우러지게 된다.

바울은 "하나님을 사랑하는 자 곧 그의 뜻대로 부르심을 입은 자들에게는 모든 것이 합력하여 선을 이루느니라"(롬 8:28)고 말했다. 우리는 이것이 믿는 자의 삶에 나타나는 하나님의 지혜와 능력의 영향력이라 생각한다. 그것은 사실이다. 그러나 우리는 이 구절에서 또 다른 사실을 보게 되는데, 그것은 하나님의 창조적인 활동들이 모든 것을 합력하게 한다는 것이다. 피조물이든 인간의 삶이든 하나님이 나타나시는 곳마다 모든 것이 합력한다. 성삼위일체께서도 합력하시고, 그리스도의 몸된 교회도 합력하며, 이 책에서 살펴보는 팔복도 서로 연결되어 조화를 이룬다.

첫 번째 복의 상급인 "천국이 그들의 것임이요"를 생각해 보자. 주님은 영원을 미래에 국한해서 약속하지 않으신다. 그분은 "천국이 그들의 것임이요"라고 현재형으로 말씀하신다. 그것은 이 땅의 천국이며 또한 영원한 천국을 말씀하시는 것이다. 팔복은 또한 동일한 상급을 약속하며 마무리된다.

천국이 이 땅 위에 나타나려면 제자들의 삶에 하나님의 생명이 나타나야 한다. 팔복 하나하나가 영적 실체를 창조하기에 일단 그것이 받아들여져 확고히 세워지면 그다음 복으로 들어가는 기반이 된다.

하나님은 우리를 어떻게 변화시키려 하실까? 먼저 우리의 태도에 초점을 맞추어 우리의 내면을 변화시키신다. 우리의 태도가 바뀌면, 우리의 인식과 행동도 달라지고 궁극적으로는 우리 마음의 태도에 따라 우리의 미래가 변화된다. 하지만 그리스도께서는 단지 우리의 태도를 변화시키려 하는 것이 아니라, 우리 안에 천국의 태도가 이루어지게 하려 하신다.

지금 이 시대는 그리스도께서 처음 오셨을 때와 비슷하다. 예수님은 수많은 사람들이 주님께로 나아올 것을 아시고 그들을 훈련할 제자들을 불러 준비시키신다. 명심하라. 그리스도의 목표는 단순히 우리에게 교리만 가르치는 것이 아니다. 예수 그리스도께서 우리에게 주시는 모든 것 가운데 궁극적으로 기름부음과 능력을 충만하게 전달해 주려 하신다. 그러므로 제자들은 말 그대로 그리스도 안에 나타난 천국을 나타내도록 부름 받은 것이었다. 그들은 열두 교단을 시작하라고 부름 받은 것이 아니었다. 예수님은 "기독교가 가까이 왔다"라거나 "유대교가 가까이 왔다"라고 하지 않으셨다. 그분은 "회개하라 천국이 가까이 왔느니라"고 말씀하셨다.

이 땅 위에서 하나님의 뜻을 행하려면, 하나님께서 무엇을 하고 계시는지 계시를 받아야 한다. 그리스도께서는 이 땅 위에 천국을 세우려고 오셨다.

우리는 천국에서 하나님의 찬란한 생명이 어떠할지, 죽음도 슬픔도 질병도 없는 세상에서 사는 게 어떤 의미인지 잘 모를 수 있다. 하지만 우리는 천국의 사람들의 태도는 안다. 그리고 바로 그 태도들을 통해 천국의 삶이 이 땅 위에서 그리스도를 따르는 자들에게 임한다.

Pray ··

주여, 제가 팔복을 하나씩 배우며 영적 성숙의 새로운 단계로 성장할 때 제 영혼을 변화시켜 주시고 천국의 태도를 제 안에 깊이 심어 주소서.

Chapter 9

심령이 가난한 자

심령이 가난한 자는 복이 있나니
천국이 그들의 것임이요

_마태복음 5:3

예수님은 천국을 우리가 죽은 후로 미루지 않으신다. 오히려 우리가 사는 세상으로 천국을 확장하신다. "천국"은 심령이 가난한 자에게 속한 것이다. 하나님의 나라는 두 가지로 나타난다. 우리 마음의 태도에 부분적으로 나타나고, 다가올 영생으로 온전히 나타난다. 예수님은 심령이 가난한 자에게 천국이 임한다고 말씀하신다.

그렇다면 우리는 어떤 종류의 "가난" 또는 궁핍이 천국으로 이끄는지 알 필요가 있다. 분명한 것은 가난하더라도 "믿음에 부요"(약 2:5)한 자가 복을 받는다는 것이다. 하지만 가난 자체는 복이 아니다. 성령님은 심령이 가난한 자에 대한 우리의 질문에 적절하고 충분하게 대답해 주신다.

잊지 말아야 할 것은 예수님이 제자들에게 말씀하고 계신다는 사실이다. 예수님은 많은 무리와 나라들이 결국 하나님의 왕국으로 들어올 것을 아시고 제자들이 예수님 자신을 잘 나타내도록 준비시키려 하신다. 그러므로 예수님의 산상수훈은 큰 무리가 아니라 작은 무리의 제자들과 나누신 대화이다.

예수님은 "심령이 가난한 자"를 말씀하시면서 제자들의 마음속에 굳건히 세우고자 하는 영적 상태를 언급하신 것이다. 그분은 "자신의 영적인 필요를 아는 사람들이 복이 있다"고 말씀하시는 것이다.

천국의 영역으로 들어가는 문, 곧 그 시작은 우리에게 하나님이 필요하다는 것을 깨닫는 것이다. 사실 천국에서는 모두가 자신의 필요를 안다. 하나님이 없는 세상에서 자아 발견은 비탄에 빠지게 한다. 그러나 전능하신 하나님이 함께하시면 오히려 그것이 모든 변화의 시작이며, 하나님의 아들이 그분을 따르는 자들에게 선언하시는 첫 번째 복이다. 우리는 팔복을 단순히 지식이 아니라, 계시로 읽어야 한다. 마치 우리가 예수님의 발치에 앉아 듣고 있는 것처럼 말이다. 예수님은 영적 성장의 단계들을 말씀하고 계신다. 천국의 삶으로 들어가는 첫 번째 관문은 우리의 필요를 아는 것이다.

하나님의 말씀은 살아 있고 활력이 있어 좌우에 날 선 어떤 검보다도 예리하여 혼과 영과 및 관절과 골수를 찔러 쪼개기까지 하며 또 마음의 생각과 뜻을 판단한다. 물론 말씀은 우리를 위로하고 격려한다. 그러나 조금만 정직하자면, 이 말씀으로 인해 우리는 헛되고 이기적인 충동에 따를 때가 많다는 사실을 깨닫게 한다. 믿음보다는 두려움 때문에 더 본능적으로 행동하게 된다. 우리 마음의 의도가 항상 순수하기에 예수님과 대면할 필요가 없다고 생각하는가? 진정으로 말씀의 검에 마음이 찔려본 적이 없는가?

예수님은 우리의 의가 서기관이나 바리새인보다 낮지 않으면 천국에 들어갈 수 없다고 경고하실 수 있었다. 하지만 그분 자신에 대해서는 "네가 어찌하여 나를 선하다 일컫느냐 하나님 한 분 외에는 선한 이가 없느니라"(막 10:18)고 말씀하셨다.

예수님은 어떻게 선한 이가 아무도 없다고 말씀하실 수 있는 걸까? 그리스도는 의의 길이 무엇인지 몸소 본을 보이신다. 그분은 이 땅 위의 모든 선 그 자체이시다. 그러나 그리스도의 선하심마저도 하나님으로부터 온 것이다. 전능하신 분과 동역함으로 우리 마음에 임하는 것이 바로 하나님의 의이다.

모든 변화의 시작은 우리 안에 무엇이 변화되어야 하는지 아는 것이다. 우리가 죄를 깨닫고 인정하지 않으면 그것으로부터 자유로워질 수 없다.

과거는 잊혀질 수 없다. 다만 속량될 수 있을 뿐이다. 우리는 죄를 지어도 시간이 지나면 형벌이 사라질 것이라고 생각한다. 그러나 사실은 죄가 우리 안으로 침투해서 우리 영혼의 살아 있는 일부분으로 자리 잡았을 뿐이다.

각각의 팔복은 천국의 삶이 어떠한지를 보여 준다. 진실로 팔복은 천국의 여러 가지 측면으로 시작해서 마무리된다. 여기 이 땅에서 우리가 경험하는 삶으로서의 천국을 보여 준다. 우리 삶에서 가장 큰 성취는 우리가 죽어서 예수님과 함께 있을 때 이루어진다. 그러나 먼저 그것의 일부분을 이 땅에서 받아 누리게 된다. 우리는 이 땅에 임한 천국 지부이다.

> 과거는 잊혀질 수 없다.
>
> 다만 속량될 수 있을 뿐이다.

하나님은 우리가 천국을 나타내기를 바라신다. 그것은 우리 신앙의 전통을 나타내는 것이 아니며, 문제에 봉착했을 때 부르 짖다가 해결되면 기도를 멈추는 식의 변덕스러운 것도 아니다. 그와 같은 것은 우리 주변 세상에 하나님의 능력을 정당한 증거가 되지 못한다.

하나님은 우리 안에서 그리스도의 형상이 드러나도록 역사하고 계신다. 그러나 증거, 곧 우리를 통해 그리스도의 본질이 나타나기를 바라신다. 각자의 치유, 성품, 용서, 사랑, 권세, 평강, 의로운 삶 그리고 요한일서 4장 17절 말씀처럼 "주께서 그러하심과 같이 우리도 이 세상에서 그러하니라"는 확신으로 나타나야 한다. 우리 내면에 그와 같은 일이 일어날 때 팔복이 나타난다. 이것이 바로 그리스도의 형상으로 변화되는 길이다.

태도는 마음속에서 우러나오고, 개념은 생각에서 비롯된다. 팔복은 하나님께서 우리 안에서 역사하셔야만 이뤄지는 태도이다. 그것은 개념이나 생각이 아니라 마음의 태도이다. 하나님은 우리 마음이 변화되기를 바라신다.

팔복의 첫 번째는 "심령이 가난한 자는 복이 있나니 천국이 그들의 것임이요"이다. "심령이 가난하다"는 것은 무슨 의미일까?

무일푼인 것이 좋고 가난에 시달리는 것이 천국이라고 말씀하시는 걸까? 그렇지 않다. 예수님이 "내가 온 것은 양으로 생명을 얻게 하고 더 풍성히 얻게 하려는 것이라"(요 10:10)고 말씀하셨다. 적어도 이 문맥에서는 물질적 것에 대해, 곧 가난이 부유한 것보다 낮다고 말씀하시는 것 같지는 않다. 그분은 물질적인 것을 초월하는 마음의 상태에 대해 말씀하고 계신다. 그러므로 많은 물질을 소유하더라도 심령이 가난할 수 있다.

다양한 영역본에서 마태복음 5장 3절을 다음과 같이 해석한다. NEB[1]는 "그들이 하나님께서 필요하다는 것을 아는 자들은 얼마나 복된가"라고 한다. GW[2]에서는 "그들이 영적으로 무력하다는 것을 깨닫는 자들은 복이 있다"라고 한다. NBT[3] 번역에서는 "그들의 영적 가난을 아는 자들은 복이 있다"라고 한다. (다양한 역본들을 비교해 보라.)

예수님이 라오디게아 교회에 하신 말씀을 생각해 보자. "네가 말하기를 나는 부자라 부요하여 부족한 것이 없다 하나 네 곤고한 것과 가련한 것과 가난한 것과 눈먼 것과 벌거벗은 것을 알지 못하는도다"(계 3:17). 주님을 화나게 한 것은 그들이 곤고한 것과 가련한 것과 가난한 것과 눈먼 것과 벌거벗은 것이 아니라, 그

---

1) The New English Bible_편집자주
2) God's Word_편집자주
3) The New Berkeley translation_편집자주

들이 자신의 그런 상태를 모른다는 사실이었다. 그들은 "(나는) 부요하여 부족한 것이 없다"라고 자랑할 정도로 복을 받았다고 생각했다.

우리는 하나님을 믿는 종교를 가지고 있음에도(심지어 하나님과 우리 사이의 모든 것이 좋다고 생각할 수도 있음에도) 지극히 높으신 분의 임재 밖에서 살아가면서 개인의 필요를 모를 수도 있다는 사실을 깨닫는 것은 두려운 일이다.

하나님은 오직 우리가 그분을 필요로 하는 만큼만 실제적인 분이 되신다. 모든 영적 성장의 시작은 자신의 필요를 인정하는 것이다. 그러기 전까지는 교만이라는 견고한 진 때문에 하나님과 단절된다. 명심하라. 하나님은 교만한 자를 물리치시고 겸손한 자에게 은혜를 베푸신다. 교만한 자가 누구인가? 필요한 것이 있음에도 불구하고 그것을 말하지 못하는 사람이다.

세상은 자신의 필요를 감추려 애쓴다. 우리 영혼에 의가 필요하다는 것을 솔직히 드러내지 못하는 심리가 작동한다. 내면이 지나치게 구조화되어 있어서 우리가 무엇을 했고 왜 그렇게 했는지 본능적으로 정당화하기 바쁘다. 그래서 정죄감 없이 우리의 필요를 객관적으로 보기가 어렵거나 교만한 마음으로 스스로를 변호하고 우리가 처한 상태에 대해 변명을 늘어놓는다.

그래서 예수님이 자기의 필요를 아는 자가 복이 있고 행복하며 부러워할 만하다고 말씀하시는 것이다. 하나님의 은혜가 완전한 피난처가 되어 주셔서 그분의 공급하심으로 우리의 필요를 채워 주실 수 있기에 정직하게 그것을 바라볼 수 있기 때문이다.

바로 이 시점부터 하나님과의 동행이 시작된다. 예수님에 대해 그분이 어떤 분이고, 우리에게 무엇을 공급하실 수 있는지, 어떤 은혜, 어떤 능력, 어떤 본, 어떤 덕을 우리에게 베푸실 수 있는지 보게 된다.

당신의 필요를 분명하게 구체적으로 정의하라. 자신이 무엇을 바꾸어야 하는지 알아야만 변화될 수 있기 때문이다. 무엇이 잘못인지를 알지 못하면 그 반대의 것을 구할 수 없다. 하나님은 우리를 부르실 때 일반적인 문제들이 있는 평범한 사람들을 택하여 말씀하신다. "나는 네가 나를 믿기를, 너를 변화시킬 능력이 있는 자임을 믿기를 원한다. 내가 너에게 요구하는 것은 바로 이것이다. 너의 필요에 대해 솔직해져라." 그렇게 해 보라. 모든 영적 발전은 우리의 필요를 발견하고 구체적으로 그것을 아는 순간 시작된다.

만약 자신의 필요를 모르겠다면, 마음을 열고 주님께 보여 달라고 기도하라. 우리의 마음은 닫힌 상태로 있으려는 경향이 있다. 보통은 드러내지 않고 조심하려 한다. 그래서 대부분이 주의 음성을 듣지 못하고 있다.

그러나 우리는 마음의 문을 열 수 있다. "주 예수님, 제게 무엇이 필요한지 알기 원합니다."라고 기도하기만 하면 된다. 그런 다음 그 필요를 적고 다음과 같이 기도하라. "주님, 제가 회개하기 원합니다. 그 죄를 끊습니다. 주님, 오랜 세월 제게 스며들어온 것들을 끊는 과정을 받아들입니다. 저의 변화를 막는 것들을 끊습니다."

그러고 나서 얼마 뒤에 주께서 우리 내면의 새로운 측면을 보여 주신다면, 주님을 버리고 달아나지 마라. 오히려 이렇게 간구하라. "주여, 제가 주님의 형상을 비추는 자가 될 때까지 더 깊이 들어가 주십시오."

하나님이 우리 내면의 필요를 심층적으로 보여 주시며 그것을 회개하도록 하시는 것은 정죄하기 위해서가 아니다. 오히려 우리는 더 깊은 사랑을 경험하게 된다. 그것은 대단히 멋진 일이다. 왜냐하면 많이 용서받은 자가 하나님을 더 많이 사랑하게 되기 때문이다. 우리의 신앙은 하나님을 사랑하는 만큼 진실하다. 자신의 욕망까지도 용서받음으로 하나님의 사랑을 받아들이게 된다. 두려워하지 말고 자신이 어떤 존재인지 살펴보라. 우리는 그렇게 할 수 있다.

이 책을 읽는 독자 중에 누구라도 하나님께 정직하다면, 변화되지 못할 사람은 아무도 없다. 아무도 그러한 상황에 갇혀 있을 필요가 없다. 하나님은 우리 한 사람 한 사람을 제자가 되도록 도우실 수 있다. 하지만 우리가 제자 되기 원한다고 밝혀야 한다. "예수님, 주님의 음성을 들었으니 이제 주님을 따르기 원합니다."

우리 마음은 잘 속이지만 하나님이 그 마음을 살피시는 분이다. 그분은 우리에게 진리의 성령님을 보내셔서 우리 마음을 보게 하신다. 그렇게 하실 때 하나님의 뜻을 받아들이며 이렇게 말하라. "주님, 제가 깨끗해지기 원합니다. 저는 교만하고 겁이 많고 정욕에 휩싸이고, 남을 잘 판단하고, 걱정합니다(그 외에 자신에게 해당하는 것). 그러나 저는 하나님의 말씀에 동의하여 저의 구원을 완수하겠습니다."

> 하나님은 우리가 그분을 필요로 하는 만큼 실제적인 분이 되신다.
> 우리의 필요를 채워 주시는 하나님을 알지 못한다면
> 그분을 진정으로 아는 것이 아니다.
> 사랑하는 자여, 우리의 필요를 아는 것이 큰 복이다.

그러나 이것은 "저에게는 주 예수님이 필요합니다."라고 말하는 것으로 시작된다. 그러면 진리의 성령님께서 하나님이 누구신지 깨달을 수 있게 해 주신다. 주님은 성경에 자신을 계시하실 때 여호와 닛시, 여호와 라파 등의 이름으로 오셔서 우리의 필요에 응답하시는 하나님이심을 보여주셨다.

명심하라. 하나님은 우리가 그분을 필요로 하는 만큼 실제적인 분이 되신다. 우리의 필요를 채워 주시는 하나님을 모른다면, 그분을 진정으로 아는 것이 아니다.

사랑하는 자여, 우리에게 무엇이 필요한지 아는 것만으로도 엄청난 축복이다. 그러나 자기기만에 빠져 자신의 문제에 대해 본능적으로 남을 탓하거나 너무 교만해서 자신의 잘못을 깨닫지 못하는 이 세상에서 우리에게 무엇이 필요한지 안다는 것은, 하나님의 은혜가 역사하고 있다는 표징이다. "만물보다 거짓되고 심히 부패한 것은 마음"(렘 17:9)이다. 이와 같은 세상에서 우리의 필요를 보고 눈물로 인정할 수 있다면, 천국의 관점에서 큰 돌파를 이룬 것이다.

성경에 나타난 예수님

다음과 같이 주장하는 사람이 있을지도 모르겠다. "내가 아는 주님은 오로지 사랑이시므로 나의 잘못을 지적하지 않아요." 정말 그런가? 물론 주님이 우리를 가장 사랑하시고 우리를 받아 주시며 우리를 구하려 큰 희생을 감당하셨다는 데 동의한다. 그렇지만 주님은 우리가 죄와 기만에 빠졌을 때 주저하지 않고 우리를 바로잡아 주신다. 예수님이 라오디게아 교회를 사랑하셔서 "무릇 내가 사랑하는 자를 책망하여 징계하노니"(계 3:19)라고 말씀하셨다.

개인적으로 나는 그리스도와 대면하는 것을 너무나도 좋아

한다. 그분이 강한 모습으로 나타나셔서 나를 악에서 구해 주시는 게 좋다. 나의 구원이 나 자신이 아니라, 그분이 내 삶에서 열정적으로 역사하신 결과라는 사실이 너무나도 좋다. 내가 타고난 자기기만에 빠져 있게 놔두지 않으시는 것을 보면 그분이 진정으로 나를 사랑하신다는 것을 알게 된다.

또 누군가는 "예수님은 온유한 목자세요."라고 주장한다. 물론 그게 사실이다. 하지만 내가 무슨 말을 하려는 것인지 내가 겪은 이야기로 설명해 보겠다.

전에 나는 심각한 갈등을 경험하며 상처받고 지쳐 있었다. 주님께 속히 나를 구해달라고 간구했지만, 그것은 훨씬 나중에야 응답됐다. 그런데 그분을 구하면서 나의 육신적인 성향과 인류의 타락한 본성을 보게 하셨다. 그리고 마귀가 이 갈등에 깊이 개입해 있다는 사실을 생각하면서 그리스도께서 최대한 나를 온유하게 대해 주셨음을 알게 되었다. 그러면서도 그분은 내가 어느 부분이 잘못되었고 어디가 부족한지 알려 주셨다. 주님은 그 갈등 가운데 내가 옳았다고 나를 두둔하시거나 다른 사람을 탓하지 않으셨다. 나의 부족한 부분을 회개하고 갈등을 일으킨 사람들을 용서하라고 말씀하셨다. 그러면서도 상처받은 내 영혼을 달래시려고 "무릇 내가 [극진히, 다정히] 사랑하는 자에게 그들의 잘못들을 말해 주고 잘못을 깨우치고 꾸짖고 벌주고 [책망하고 교훈하노니]"라고 나를 일깨워 주셨다(확대 성경 클래식 판).

그리스도를 따르는 자라면 이 사실을 알아야 한다. 그분은 "여러 사람의 마음의 생각을 드러내려"(눅 2:35) 오셨다. 성경의 가르침을 읽는다고 해서 꼭 변화가 일어나는 것은 아니다. 그리스도께서 우리의 부족한 부분을 드러내시고 우리가 회개할 때 변화가 일어난다.

우리가 1장에서 다룬 내용을 기억해 보자. 그리스도께서 첫 번째로 선언하신 내용은 "회개하라 천국이 가까이 왔느니라"이다. 이 말씀의 요지는 단순히 우리가 있는 곳에 천국이 임하게 할 수 있다가 아니다. 우리는 회개하라는 그분의 말씀에 순종해야 한다. 사랑하는 자여, 우리가 십 년 동안 교회를 다니더라도 내면이 조금도 변화되지 않을 수도 있다. 예수님은 말씀하셨다.

> 그날에 많은 사람이 나더러 이르되 주여 주여 우리가 주의 이름으로 선지자 노릇 하며 주의 이름으로 귀신을 쫓아내며 주의 이름으로 많은 권능을 행하지 아니하였나이까 하리니 그때에 내가 그들에게 밝히 말하되 내가 너희를 도무지 알지 못하니 불법을 행하는 자들아 내게서 떠나가라 하리라 _마태복음 7:22-23

예수님은 우리의 필요를 볼 때 복이 임한다고 가르치고 계신다.

"예수님은 항상 나를 사랑한다고 말씀하세요"라고 말하는 사람들이 있다. 물론 온 우주에서 이보다 놀라운 말은 없다. 그러나 그리스도께서 육신이 되신 하나님의 말씀이라는 사실을 기억하라. 그분은 태초에 하나님과 함께 계셨고 그분을 통해 만물이 창조되었다. 이 말씀이 우리의 필요와 연합되면서 예수님은 그분의 사랑에 외에도 다른 것들도 말씀해 주신다.

> 하나님의 말씀은 살아 있고 활력이 있어 좌우에 날선 어떤 검보
> 다도 예리하여 혼과 영과 및 관절과 골수를 찔러 쪼개기까지 하
> 며 또 마음의 생각과 뜻을 판단하나니 _히브리서 4:12

주여, 우리의 생각과 마음의 잘못된 의도를 판단해 주소서! 말씀은 교리가 아니라 검이다. 그래서 살아있는 말씀이 우리를 수술할 수 있다. 말씀 앞에서 모든 것이 우리 속사람의 모든 면이 벌거벗은 채 드러난다. 주님은 우리 내면의 어느 부분에 회개, 치유, 축사가 필요한지 아신다. 우리가 하나님의 음성을 들을 수 있어야 이 모든 것이 가능하다. 들을 때 우리의 필요를 발견하고 회개하게 된다.

천국의 관점에서 선함은 그 사람의 의로운 행동이 아니라 우리가 하나님으로부터 받은 의로 측정된다. 천국에서 완전함은 하나님께 얼마나 의존하느냐로 결정된다. 스스로 얻은 의의 모습이 아니라, 온전한 순복으로 주어지는 것이다. 그러므로 자신의 필요를 보고, 스스로 정당화하지 않고, 솔직하게 하나님께 마음

을 여는 자들에게 천국이 주어진다.

어떤 것이 변화가 필요한지를 인정할 때 우리의 영적인 걸음이 시작된다. 그러나 우리의 필요를 아는 것은 시작에 불과하다. 다음 장에서는 자신의 필요를 본 후 회개하고, 하나님께 변화시켜 달라고 부르짖고, 주께서 우리 마음에 깊이 역사하시게 허락해야 한다는 것을 배울 것이다.

Pray ....

하나님, 깊이 없이 얄팍한 태도로는 하나님께 다가갈 수 없음을 압니다. 천국을 알려면, 예수님을 주님으로 모시고 살아야 합니다. 간구하오니, 주님이 제 안에 깊이 들어오셔서 제 마음의 굳은 땅을 갈아 주소서. 모든 교만, 반역, 불법, 두려움, 정욕 등 하나님 나라에 있을 수 없는 모든 인간적 태도를 제 삶에서 제거하소서. 그 모든 것을 제가 주님께 내려놓습니다.

하나님은 우리가 그분을 필요로 하는 만큼
실제적인 분이 되신다. 우리의 필요를 채워
주시는 하나님을 모른다면, 그분을 진정으
로 아는 것이 아니다.
사랑하는 자여, 우리에게 무엇이 필요한지
아는 것만으로도 엄청난 축복이다.

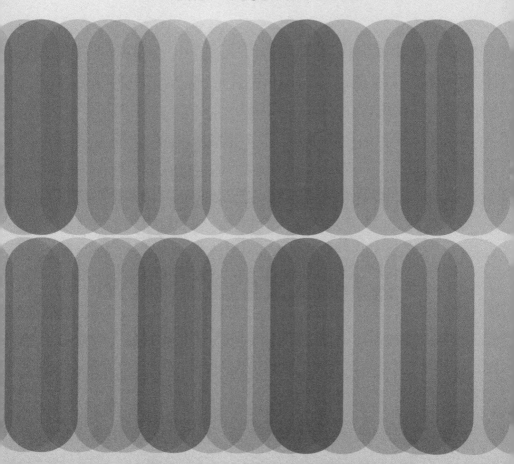

Chapter 10

애통하는 자

애통하는 자는 복이 있나니
그들이 위로를 받을 것임이요

_마태복음 5:4

❖

　예수님이 갈릴리의 언덕에서 제자들을 계속 훈련하시는 동안 그분의 말씀이 풀어지기 시작하면서 점차 그분을 따르는 모든 이들에게 언젠가 그리스도의 형상을 옷 입을 수 있을 것이라는 소망을 일으켰다.

　훈련의 첫 번째 단계로 예수님은 제자들에게 그리스도를 닮지 못하게 방해하는 마음의 문제 곧 죄가 있다면, 그것을 직시할 필요가 있다는 것을 가르치셨다. 이제 제자들은 가르침 받는 것과 훈련받음의 결정적 차이가 무엇인지 배울 터였다. 예수님이 "애통하는 자는 복이 있나니 그들이 위로를 받을 것임이요"라고 말씀하시며 두 번째 단계로 들어가셨다. 스승이신 주님이 제자들의 영혼을 발가벗기셔서 그들의 영혼 깊이 파고들어 뿌리를 드러내려 하셨다. 그로 인해 슬픔과 깊은 애통과 회개가 일어나면서 자기 존재의 중심에 무엇이 있는지 보게 될 것이다.

　바울은 이 과정을 "하나님의 뜻대로 하는 근심"이라고 불렀다. "보라 하나님의 뜻대로 하게 된 이 근심이 너희로 얼마나 간절하게 하며 얼마나 변증하게 하며 얼마나 분하게 하며 얼마나 두렵게 하며 얼마나 사모하게 하며 얼마나 열심 있게 하며 얼마나 벌하게 하였는가(고후 7:11)."

외치는 자의 소리

그리스도를 닮아 가는 두 번째 단계의 훈련에 올바르게 반응하려면, 정직하게 오장육부까지 다 뒤집는 회개가 있어야 한다. 겹겹이 쌓인 죄를 모두 깎아내고 우리 영혼 깊이 들어가 부분을 뿌리까지 파악해야 한다. 그럴 때만 그리스도께서 우리를 변화시키실 수 있다. 하나님은 우리가 죄의 뿌리까지 깊이 들어가 회개하기 바라신다.

> 선지자 이사야의 글에 보라 내가 내 사자를 네 앞에 보내노니 그
> 가 네 길을 준비하리라 광야에 외치는 자의 소리가 있어 이르되
> 너희는 주의 길을 준비하라 그의 오실 길을 곧게 하라
> _마가복음 1:2-3

세례 요한은 "여호와의 길을 예비하라. 우리 하나님의 대로를 준비하라"고 선포했다. 그는 광야에서 외치는 자가 아니라 광야에서 외치는 자의 소리였다. "주의 길을 준비하라"는 말씀은 하나님께서 하신 것이었다.

우리는 변화되어야 한다. 하나님이 하시려는 일에 준비되어 있어야 한다. 첫 번째 단계는 우리의 필요한 부분을 발견하고 그것에 대해 솔직해지는 것이다. 두 번째 단계는 그것에 대해 회개

하는 것이다. 그러므로 죄송하다고 말하는 회개의 과정을 받아들여야 한다. 그 죄를 자백해야 한다. 그러나 거기서 나아가 견고한 진을 제거해야 한다. 어떻게 그런 생각들이 우리 안에서 발전되어 결국 죄의 태도들이 되었는지 점검해야 한다.

태도는 항상 존재하는 것이다. 그것은 잠깐 스쳐 지나가는 생각이나 어떤 정보나 새로운 교리가 아니다. 바로 마음의 태도이다. 마음은 하나님이 우리 안에서 역사하시는 장소이기도 하다. 성령님이 역사하시고 세우시고 운행하셔서 우리가 그리스도를 닮게 하시는 과정의 중심이 된다.

회개하는 태도, 마음이 정직한 태도! 바로 그것이 하나님 앞에서 제자가 되는 것이고, 바로 우리가 원하는 바다.

회개의 목표

제자 훈련의 두 번째 단계에서 해야 하는 회개는 단순히 "죄송하다"고 말하는 것 이상이다. 물론 그것도 포함되지만, 그보다 훨씬 더 깊이 들어가야 한다. 세례 요한이 회개의 세례를 베풀 때, 단지 그들이 자신들의 죄를 뉘우치게 하려는 것이 아니었다. 회개의 목적은 그들이 준비되게 하는 것이었다. 그는 어떻게 해야 하나님께서 그들의 마음에 역사하셔서 주님이 오실 길을 준비할 수 있는지 알려 주고 있었다.

> 우리가 깊이 회개하면
> 주 예수 그리스도가 내주하실 준비가 우리 안에 이루어진다.
> 주님의 내주하심은 단지 교리가 아닌,
> 실제 주님이 우리 안에 거하시는 것이다.

깊은 회개로 우리는 주 예수 그리스도의 임재를 모실 처소로 준비된다. 주님은 단순히 교리로 우리 안에 거하시는 것이 아니다. 그분은 스스로 계시는 분이다. 주님은 우리 삶의 주인이시고, 우리는 그분과 교제하며 친밀함을 누린다. 그분은 우리 마음의 비밀을 아신다. 그러므로 우리 마음을 주님께 맡겨 친히 다루시고 정결케 하시고 역사하시게 해야한다. 우리의 비밀을 주님과 나누면, 주님도 그분의 비밀을 우리와 나누기 시작하신다. 우리는 하나님의 길과 천국의 신비들을 이해하기 시작한다.

우리 마음을 하나님 앞에 드러내고 우리가 인정하기 두려웠던 부분들에 하나님이 역사하시도록 허락해 드리면, 하나님이 은혜를 베푸셔서 우리가 변화되고 하나님을 닮게 하실 것이다. 은혜란 우리를 변화시켜 주시는 하나님의 능력이다. 하나님은 다음과 같이 말하는 사람에게 은혜를 베풀어 주신다. "하나님, 저에게는 도움이 필요합니다. 하나님을 닮지 못하게 하는 부분의 뿌리를 보시고 저를 변화시켜 주소서. 제가 변화되기 원합니다. 저는 꼭 변화되어야겠습니다."

이렇게 시작되는 것이 제자의 길이다. 그리스도인들은 이렇게 말하면서 시작한다. "저는 훈련받기 원합니다. 제자 되기 원합니다. 저의 세상이 달라지도록 제가 알아야 할 것을 알고 싶습니다. 그리하여 뿌리가 튼튼해져서 열매 맺고 싶습니다."

하나님은 우리의 영혼 깊은 곳을 파헤쳐서 모든 더러움의 뿌리를 드러내는 회개의 과정을 통해 정결케 하심으로 그 무거운 죄의 짐을 그리스도의 십자가 위에 던져 놓게 하신다. 그리하여 우리는 그리스도의 부활의 능력 안에 살 수 있게 된다.

마태복음 3장에서 세례 요한은 바리새인들과 사두개인들에게 경고했다. 그들의 죄악된 본성의 열매가 나무에 달려 있고, 하나님의 진리의 도끼가 그들의 죄악의 뿌리를 잘라내어 죄의 열매가 맺힌 나무를 멸하려 하신다는 경고였다. 자기에게 세례를 받으려 하는 그들의 위선적인 행동을 지적하며 담대하게 말했다. "그러므로 회개에 합당한 열매를 맺고 [너희 마음이 변화되었다는 것을 너희 삶으로 증명하라]"(마 3:8 확대 성경).

완전한 회개

다시 말해서 우리가 의의 열매를 맺기 시작할 때에야 비로소 회개가 완전해진다. 자신의 모든 언행에 이기심의 열매가 나타나고 있다면, 관용, 이타심의 열매가 나타날 때까지 계속 그러한 이기심을 회개하고 다른 죄의 영역에서도 그렇게 하라.

> 우리가 의의 열매를 맺기 시작할 때에야
> 비로소 회개가 완전해진다.

이러한 제자 훈련을 통해 우리는 나가서 이 마지막 때에 구원자가 절실한 무리들에게 사역할 수 있게 준비된다. 우리를 온전한 회개의 자리로 이끄는 영혼의 깊은 탐색 과정을 통과하지 않으면, 하나님이 천국의 능력을 우리에게 맡기실 수 없다.

그리스도인이 되기 전에 나는 히피였다. 그 당시 내가 속한 문화의 구호는 "네가 좋으면 뭐든 해도 돼!"였다. 그러나 그리스도인이 되고 내 삶의 방향은 온전히 하나님께로 향하였다. 결국 나는 목회자가 됐다. 주님이 내 마음의 어떤 부분들이 여전히 정결케 될 필요가 있다고 말씀하기 시작하셨다. 나는 사람들에게 안수하고 기도하곤 했는데, 내 손을 통해 예수님만 나타나는 것이 아니었다. 나 자신이 주의 은혜를 오염시키고 있었다. 하나님은 나의 그런 부분을 제거하고 싶어 하셨다.

나는 사역을 잘하고 싶었고, 주께서는 내 손을 통해 나가는 것이 무엇인지에 대해 엄중히 말씀하셨다. 히브리어로 '임명하다 (ordain)'에 해당하는 말에는 '손을 채우다'의 의미가 있다. 나는 내 영 안에 있는 것이 무엇이든 그것이 안수하는 사람에게 전달된다는 사실을 알았다.

하나님께서 나를 깨끗하게 하는 작업을 시작하셨다. 나는 삶의 모든 방식에 대해 회개하는 시간을 거쳤다. 35~40일 동안 회개하는 과정 가운데 주님은 어린 시절 어떤 생각이 내게 처음 들어왔고, 사춘기 시절에 어떤 일을 겪었으며, 그 일이 계속되어 어떻게 나를 더럽혔는지 보여 주셨다.

내가 하나님께 나아왔을 때 영적으로 거듭났지만, 내 영혼은 여전히 세상의 짐을 지고 있었다. 나는 십자가 앞에서 그것을 자백하고 그 짐을 내려놓아야 했다. 주께서 내면에 깊이 역사하시자 구원받기 전에 왜 내가 그런 삶을 살았는지 모든 상황을 알게 되었다. 그래서 어떤 것을 깨달을 때마다 깊이 슬퍼하며 나를 용서해 주시고 예수님의 보혈로 정결케 해 달라고 간구했다.

이렇게 개인적인 이야기를 나누는 것은 우리의 죄가 어떤 것이든 상관없음을 보여 주기 위함이다. 우리가 회개하고 자백하면 주님이 우리 마음의 영역들을 깨끗하게 하실 수 있다.

정직하지 않고 열려 있지 않으며 민감하지 않은 우리 마음의 영역들을 하나님이 다루셔야 한다. 죄에 대한 우리의 태도가 어떤지 솔직하게 바라보고 그 견고한 진을 무너뜨리는 과정을 받아들이려면 일주일에 한 번 교회 가는 것 그 이상이 필요하다. 우리의 영적 여정에 어느 정도의 적극성이 필요하다. 일주일에 한 번 교회에 가는 것으로 모든 문제를 해결할 수 있다고 기대할 수는 없다.

이 두 번째 단계의 훈련은 무섭고 위협적이면서도 무장해제될 수도 있다. 이것은 끔찍하면서도 동시에 놀라운 일일 수 있는데 인간의 자기 절제나 훈련이 아니라 하나님이 우리 내면에서 역사하시기 때문이다.

빌립보서 2장 12-13절(확대 성경 클래식 판)을 보면 이 과정이 분명히 이해된다.

> 그러므로 나의 사랑하는 자들아 너희가 ... 항상 복종하여 [너희 자신의 힘으로가 아니라] 두렵고 떨림으로 너희 구원을 이루라 (일구고, 목표를 달성할 때까지 실행하고, 온전히 완수하라) 너희 안에서 행하시는 [너희에게 에너지를 주시고 너희 안에 능력과 갈망을 일으키시는] 이는 하나님이시니 자기의 기쁘신 뜻을 위하여 너희에게 소원을 두고 행하게 하시나니

하나님이 우리 안에서 역사하시는 대로 우리도 행하면 된다.

고린도전서 12장에서 바울은 다양한 사역이 있지만 주님은 같은 분이라고 말한다. 예수 그리스도가 우리 안에서 역사하고 계신다. 주님은 하나님의 집에 사역을 일으키시는 책임을 맡고 계신다. 예수님은 우리를 불러 그분의 제자가 되게 하시고, 그분을 따르게 하시고, 예수님과 같아지게 하신다. 그리고 그분이 그것이 이뤄지도록 우리에게 역사하고 계신다. 그것은 우리가 하나님 앞에서 정직한 것으로 시작되고 회개로 이어진다. 회개는 경건하고 놀라운 것이다. 주님의 인자하심이 우리를 회개로 이끄신다. 하나님이 우리 마음을 붙들어 주시는 것은 좋은 소식이다. 그분이 우리에게 마음의 영역들을 보여 주시는 것은 놀라운 일이다. 우리는 부르짖으며 하나님 앞에 나아오게 된다.

회개의 과정을 두려워하지 말라

우리의 필요를 인정하고 하나님이 영혼 깊이 살피시며 죄악의 뿌리를 드러내시는 회개의 과정에 들어가면 많은 이들이 두려움을 느낀다. 대부분의 사람들은 잘못을 바로잡는 것에 거부감을 느끼며 자신의 실패가 만천하에 드러나는 것처럼 느끼게 된다. 마치 누군가 호루라기를 불며 "너는 이런 짓을 저지른 사람이야."라고 지적하는 것만 같다. 그러나 사랑의 하나님이 우리를 영적으로 바로잡아 주시는 것은 우리를 거절하시는 것이 아니다. 그분은 우리를 변화시키시고, 해방시키고, 정결케 하기 원하신다. 우리의 잘못을 만천하에 드러내시려 하는 것이 아니다.

과거에 또는 현재에 무슨 일이 있었든지 하나님께 나아가 용서를 구하면, 그분은 우리를 용서해 주시고 정결케 하신 다음, 그 죄를 결코 다시는 기억하지 않기로 하신다. 하나님은 "내가 그들의 불의를 긍휼히 여기고 그들의 죄를 다시 기억하지 아니하리라 하셨느니라"(히 8:12)고 말씀하셨다. 우리 하나님은 이 놀라운 일을 행하시는 분이다.

여러 해 전에 선지자인 친구가 캘리포니아에서 어떤 장로교 목회자 부부에게 지식의 말씀의 은사로 사역하며 그들의 내면의 상태를 말해주고 있었다. 그는 그들의 과거, 현재, 미래에 대해 말했는데, 그가 말한 모든 것이 사실이었다.

이 부부는 전에 성령의 은사로 사역하는 것을 본 적이 없었다. 그들은 이 경험을 하고 큰 감동을 받아 또 다른 사역자 두 부부에게 이야기했다. 그리하여 몇 주 후에 그들 두 부부도 그 선지자가 사역하고 있는 예배에 참석했다. 사역이 시작되면서 이들 네 명은 앞으로 불려나갔고, 선지자는 그들의 마음 상태에 관해 이야기했다. 첫 번째 사역자에 이어 그의 아내에게, 그리고 두 번째 사역자에게 예언했는데, 그가 말한 모든 것이 정확한 사실이라는 것이 증명되었다.

그다음에 선지자는 두 번째 사역자의 아내, 곧 네 번째 사람에게 말했다. "당신의 삶에 큰 죄가 있었습니다." 그 여인은 곧바로 뒷걸음질 쳤다. 그게 뭔지는 몰라도 정말로 큰 죄였다는 걸 알 수 있었다. 그녀가 가장 두려워하는 일이, 온 교회 앞에서 드러나는 일이 곧 일어날 것 같았다. 회중은 쥐죽은 듯 고요해졌다. 이 선지자가 세례 요한처럼 사람의 마음의 비밀을 알았기 때문이다.

선지자가 말했다. "당신의 삶에 큰 죄가 있었습니다. 나는 주님께 그것이 뭔지 여쭤봤습니다. 그런데 주님은 '나는 기억하지 못한다.'고 말씀하셨습니다. 왜냐하면 그분이 그 죄를 망각의 바다 속에 수장하기로 선택하셨기 때문입니다."

사실 그 사모는 자신의 죄를 가지고 거듭 주님 앞으로 나아가고 있었다. 그녀는 하나님의 은혜와 사랑이 자신의 죄를 용서하실 뿐만 아니라, 기억조차 하지 않으실 만큼 크고도 놀랍다는 사실을 믿지 않고 있었다. 자신이 진정으로 죄에서 영원히 그리고 완전하게 자유로워졌다는 사실을 받아들이지 않음으로 끊임없이 마귀의 공격을 받고 있었다. 그러나 그때 주님이 그분의 자비하심으로 그녀의 영혼 깊은 곳으로 들어가셔서 그녀를 그 기억으로부터 해방시키셨다.

우리는 이러한 필요/결핍에 대한 기억, 곧 우리를 어둠속에 가뒀던 추악한 죄의 기억으로 몸부림치는 경우가 많다. 우리는 하나님께 부르짖는다. "그렇지만 하나님, 제가 숨기려 했던 그 끔

찍한 죄는 어떻게 하나요? 저는 주님의 사랑과 용서를 받을 자격이 없습니다."

그러나 하나님은 사랑과 긍휼로 우리를 바라보시며 말씀하신다. "무슨 죄? 나는 그것을 기억하지 않는다!" 그렇다. 하나님은 "우리를 불쌍히 여기셔서 … 우리의 모든 죄를 깊은 바다에"(미 7:19) 던지기로 선택하셨다.

우리의 죄는 하나님의 기억 밖에 있다. 그분이 우리의 죄를 잊어버리기로, 더는 기억하지 않기로 선택하셨기 때문이다.

우리가 나아가는 하나님이 바로 이런 분이다. 회개로 나아가 죄를 고백하고 "주님, 저는 이것에서 해방되고 싶습니다. 그 뿌리를 뽑기 원합니다. 도끼를 그 뿌리 위에 놓아 주세요."라고 기도하는 것은 우리를 책망하지 않기로, 우리의 죄를 소문내지 않기로 하신 분께 나아가는 것이다. 우리를 용서하실 뿐만 아니라 모든 불의에서 깨끗하게 하셔서 깨끗한 양심으로 하나님 앞에 설 수 있게 하시는 분께 나아가는 것이다.

그래서 "사망이 쏘는 것은 죄요 죄의 권능은 율법"임에도, 우리는 죽음에 정면으로 맞서며 "죽음아, 너는 나에게 아무 권리도 없다"라고 말할 수 있다. 왜냐하면 예수님의 보혈이 우리를 정결케 하셨기 때문이다. 원수 마귀는 더 이상 어떤 무기로도 우리 영혼을 괴롭히거나 점령할 수 없다. 하나님은 만물을 새롭게 하시는 분이다. 우리의 옛것을 하나님께 내어 드리면, 그분이 그것을 새롭게 하신다. 회개 가운데 하나님은 우리에게 손을 내미셔서 어둠의 구덩이에서 끌어내 주시고 어깨에 있는 죄의 짐을 제거하신 다음, 새롭게 출발하도록 새 희망을 주신다.

우리가 섬기는 하나님은 팔짱을 끼고 손가락질하며 인상을 찌푸리시는 하나님이 아니다. 그분은 우리를 향해 팔을 벌리시는 하나님이다. 당신이 이 책을 읽고 있는 것을 진정으로 예수 그리스도를 나타내고 싶어서일 것이다. 하나님이 이 책을 통해 당신 안에서 역사하시기를 기도한다. 하나님이 우리 안에서 일하실 때, 우리는 신실해질 것이고, 과거 당신의 실패로 인해 다른 사람들이 걸려 넘어지는 일이 없도록 하나님이 당신에게 능력을 주실 것이다.

그리스도께서는 갈릴리의 언덕에서 자신을 따르는 이들을 모으시고 이렇게 말씀하셨다. "애통하는 자는 복이 있나니 그들이 위로를 받을 것임이요." 그분은 그 말씀에 귀 기울이는 사람들의 마음에 소망을 불러일으키셨다. 그분의 말씀은 상실을 경험하거나 삶의 비극적 상황때문에 슬픔에 휩싸인 사람들을 위로하셨다. 모든 차원에서 말씀하시며 가장 필요한 곳에서 활성화되어 우리에게 위로를 주신다.

또한 그분의 말씀은 더 깊은 차원의 소망을 일깨우셨다. 우리가 그리스도를 닮아 가는 이 두 번째 훈련의 단계를 통과할 때, 초자연적인 회개를 통해 깊은 애통, 곧 우리가 용서받아야 할 부분에 대한 경건한 슬픔은 하나님의 용서를 받고 죽음에서 하나님 나라의 영원한 생명으로 변화되는 기적적인 소망이 된다.

하나님은 대 추수를 준비하고 계신다. 그러나 그분은 그분의 백성들을 미리 훈련시키심으로 추수를 그 이루신다. 예수님은 "제자가 그 선생보다 … 높지 못하나니."라고 말씀하셨지만, 온전히 훈련 받으면 "제자가 그 선생" 같을 수 있다(마 10:25-25). 온전히 훈련받음으로 우리는 예수님처럼 된다.

우리가 하나님의 일 가운데 영적으로 성숙하고 성장하려면, 죄에 대해 애통하고 경건한 슬픔으로 울어야 한다. 경건한 슬픔이 없으면 회개도 뉘우침도 없다. 그냥 말로만 미안하다고 하는 것이 아니다. 이 세상은 미안한 그리스도인들이 너무 많다. 오늘날 우리에게는 회개에 합당한 열매 맺는 능력 있는 그리스도인들이 필요하다. 전쟁 무기로 무장한 그리스도인들이 필요하다.

Pray ···

주님, 제게서 주님이 원하시는 대로 변화할 자격을 박탈하지 않으셔서 감사합니다. 저는 주님이 하신 말씀을 믿고 믿음으로 화답하며 값을 치르길 결단합니다. 제 안에 깊이 역사하셔서 회개에 합당한 열매를 맺게 하소서.

하나님은 우리의 영혼 깊은 곳을 파헤쳐서
모든 더러움의 뿌리를 드러내는 회개의 과
정을 통해 정결케 하심으로 그 무거운 죄의
짐을 그리스도의 십자가 위에 던져 놓게 하
신다. 그리하여 우리는 그리스도의 부활의
능력 안에 살 수 있게 된다.

Chapter 11

온유한 자

온유한 자는 복이 있나니
그들이 땅을 기업으로 받을 것임이요

_마태복음 5:5

하나님 나라에는 위대한 사람이 없다. 하나님이 택하셔서 크게 쓰시는 겸손한 사람이 있을 뿐이다. 자신이 겸손한지 어떻게 알까? 하나님이 말씀하시면 우리는 떨게 된다. 하나님은 그분의 말씀에 떠는 이들을 찾고 계신다. 그런 사람들은 성령님이 자기들 위에 머물고 계심을 깨닫게 될 것이다.

겸손하게 스스로를 낮추면서 예수님의 형상을 닮고자 하는 신성한 추구가 시작된다. 육신의 욕망, 혼적인 두려움, 인간의 야심이 우리를 지배하려 하지만 진정한 온유함이 우리의 마음에 나타나면, 육신적 생각이 부르짖는 소리를 잠재운다. 두려움과 부적절한 생각들이 내는 아우성이 잦아든다. 이 땅의 관점과 의견들을 꺾으려면, 그것들의 우선순위를 뒤로 미뤄야 한다. 우리가 하나님께 초점을 맞출수록 주변의 다른 소리가 희미해진다. 어떠한 가식도 위장도 없이 하나님의 거룩한 시선 앞에 엎드리게 된다. 그리고 하나님의 빛 속에서 마침내 우리 영혼이 얼마나 어두운지 깨닫게 된다.

따라서 겸손은 근본적으로 정직함에서 시작된다. 겸손한 마음은 자신의 필요에 민감하고 그것의 절실함을 잘 안다. 그 필요를 알면 기도하기 시작한다. "제가 죄를 지었습니다."라고 자백할 때 우리는 하나님 편에서 그 죄들을 보게 된다. 아버지께 동의하여 우리의 행동이 잘못되었음을 인식하게 된다. 이렇게 자신을 발견하는 시간 속에서 치유 과정이 시작된다. 우리는 우리 삶 속의 죄를 이기기 위해 하나님과 동역하게 된다. 자신을 겸손히 낮추는 과정 가운데 주님은 평강을 주시고 우리의 죄를 덮어 주시고 변화되는 은혜를 내려 주신다.

> 하나님 나라에는 위대한 사람이 없다.
> 하나님이 택하셔서 크게 쓰시는 겸손한 사람이 있을 뿐이다.

하지만 우리가 겸손하게 필요를 인정할 뿐만이 아니라, 그에 따르는 책임을 온전히 받아들여야 한다. 우리의 타락한 상태에 대해 하나님 앞에서 아무 변명도 하지 말아야 한다. 우리는 스스로 해명하기 위해서가 아니라 정결함을 받기 위해 하나님 앞에 있는 것이다.

성경 말씀은 "주 앞에서 낮추라(너희 자신들을 낮추어 겸손하게 하라)"고 한다. 이것은 하나님이 우리를 낮추시는 것이 아니라 우리가 그것을 선택해야 한다는 말이다.

> 주 앞에서 [회개하며 자신을 하찮게 여기는 태도로] 낮추라 그리하면 주께서 너희를 높이시리라 [주께서 너희를 들어 올리실 것이고, 주께서 너희에게 목적을 주실 것이다] _야고보서 4:10, 확대 성경

온유해지는 방법에는 두 가지가 있는데, 우리 자신을 겸손히 낮추는 것과 하나님의 인도에 따라 광야를 통과하는 것이다. 어느 것이든 결국 우리 마음을 하나님의 음성을 들을 수 있는 상태가 되게 한다.

우리 대부분은 삶의 상황 때문에 겸손해지는 시간을 통과한다. 그러나 힘겨운 상황에 직면하여 겸손해지더라도, 코르크가 물에 뜨는 것처럼 문제가 해결되면 다시 교만해진다. 그러나 하나님은 우리의 삶이 외적 상황으로 인해 수치를 경험하는 기간이나 때로는 고통스러운 경험 가운데 사라지는 교만이 가득하기를 바라지 않으신다. 주님은 우리가 겸손을 선택하기를, 예수님과 닮기 위해 겸손하기를 바라신다.

예수님은 "수고하고 무거운 짐 진 자들아 다 내게로 오라 내가 너희를 쉬게 하리라 나는 마음이 온유하고 겸손하니"(마 11:28-29)라고 말씀하셨다. 예수님의 본질을 알고 싶은가? 그분은 마음이 온유하고 겸손하신 분으로 자신을 낮추신다. 예수 그리스도는 겸손을 선택하셨고 그 본성도 그러하시다. 예수님의 형상으로 변화되려면, 우리도 겸손하고 온유한 길을 선택해야 한다.

온유함의 모본

하나님은 우리가 이러한 영적 훈련의 과정 가운데 예수 그리스도의 임재를 경험하는 데 필요한 태도들을 만들어 가기를 원하신다. 우리의 마음이 겸손해지면서 우리는 하나님을 보고, 그분과 교제하고, 그분과 영적으로 소통할 수 있는 순수한 마음을 갖도록 자격을 갖추고 준비된다. 그러면 하나님이 말씀하실 때 기꺼이 변화될 것이다. "너희 안에서 행하시는 [너희에게 에너지를 주고 너희 안에 능력과 갈망을 창조하는] 이는 하나님이시니 자기의 기쁘신 뜻을 위하여 너희에게 소원을 두고 행하게"(빌 2:13, 확대 성경 고전판) 하시기 때문이다.

> 우리가 억압당하며 궁핍한 곳에서 살아가는 것에
> 적응하도록 하는 것이 광야의 목적이 아니다.
> 광야는 사람이 떡으로만 사는 것이 아니라는 사실을
> 가르치는 곳이다.

하나님은 이 과정을 신명기 8장 2-3절에서 이스라엘 자손에게 가르치셨다.

네 하나님 여호와께서 이 사십 년 동안에 네게 광야 길을 걷게

하신 것을 기억하라 이는 너를 낮추시며 너를 시험하사 네 마음
이 어떠한지 그 명령을 지키는지 지키지 않는지 알려 하심이라
너를 낮추시며 너를 주리게 하시며 또 너도 알지 못하며 네 조
상들도 알지 못하던 만나를 네게 먹이신 것은 사람이 떡으로만
사는 것이 아니요 여호와의 입에서 나오는 모든 말씀으로 사는
줄을 네가 알게 하려 하심이니라

우리가 억압당하며 궁핍한 곳에서 살아가도록 적응시키는
것이 광야의 목적이 아니다. 광야는 사람이 떡으로만 사는 것이
아니라는 사실을 가르치는 곳이다. 다시 말해서, 우리는 자신의
노력으로 사는 것이 아니다. 하나님의 사람들은 하나님의 입에
서 나오는 모든 말씀으로 살아간다.

이 단계에서 훈련의 목표는 우리를 의기소침하게 하거나 두
려워하게 하려는 것이 아니라, 우리 안에 겸손과 온유함을 이루
는 것이다. 우리에게 겸손한 영을 주셔서 하나님의 음성을 듣고
그분의 인도를 따르게 하려는 것이다. 진정한 겸손의 징후는 순
종이다. 하나님의 마음에서 나오는 모든 말씀과 세미한 음성에
따라 삶으로 살아내는 자세다.

영적 훈련은 연속적으로 이뤄진다. 우리의 필요한 부분을 깨
달을 때 경건한 슬픔 속에서 깊이 회개하게 되고, 이어서 마음이
진정으로 겸손해지며, 우리에게 말씀하시는 하나님의 음성을 듣

게 된다. 하나님이 광야에서 우리를 겸손하게 하시면, 우리는 그분의 음성을 듣고 그분의 인도를 받게 된다.

이스라엘 백성은 호렙산에서 자신들에게 직접 말씀하시는 하나님의 음성을 들었다. 그들은 그 음성에 두려워져서 모세에게 간청했다. "당신이 우리에게 말씀하소서 우리가 들으리이다 하나님께서 우리에게 말씀하시지 말게 하소서 우리가 죽을까 하나이다"(출 20:19). 두려움은 이 세 번째 겸손의 훈련 단계에서 하나님이 우리 안에서 역사하심으로 생겨나는 것이 아니다. 마음속에 두려움이 일어난다면, 이스라엘 백성처럼 우리에게도 광야의 시간이 더 필요한 것인지도 모른다. 두려움이나 수줍음이 겸손처럼 보일 수도 있지만 그렇지 않다. 그 차이를 어떻게 아는가? 두려움은 사람 앞에서 떠는 것이고, 겸손은 하나님 앞에서 떠는 것이다. 온유함과 겸손의 과정을 거치면, 하나님의 말씀을 듣고 기쁨과 순종으로 받아들일 준비가 된다.

성령님의 음성

하나님은 자신을 따르는 자들에게 성령님을 통해 말씀하시며 그분의 음성을 듣는 능력은 우리가 겸손하다는 증거이다. 이 중요한 진리를 놓치지 말라. 하나님의 음성을 듣는 능력으로 우리가 얼마나 겸손한지 가늠할 수 있다. 하나님의 음성을 듣는 법, 그 길로 나아가는 과정은 우리가 필요한 부분을 인정하고, 회개하고, 마음을 청결하게 만드는 것이다. 정결하게 하는 그 과정을 계속 받아들일 때, 성령님의 음성에 점점 더 민감해질 것이다.

진정으로 겸손하면 하나님의 음성을 들을 때 기쁘다. 하나님의 음성은 청각적으로 들리는 것이 아닐 수도 있다. 온유함과 겸손의 열매를 맺으면 성령님의 음성을 듣는 능력이 커진다. 예수님이 제자들에게 "내 양은 내 음성을 들으며 나는 그들을 알며 그들은 나를 따르느니라"(요 10:27)고 말씀하셨다.

시편 95편 7-8절에서 다윗은 사람들에게 주의를 준다. "너희가 오늘 그의 음성을 듣거든 너희는 … 광야…에서 지냈던 날과 같이 너희 마음을 완악하게 하지 말지어다." 주님은 오늘날 우리에게도 똑같이 말씀하고 계신다. "오늘 너희가 그의 음성을 듣거든 너희 마음을 완고하게 하지 말라"(히 4:7). 겸손한 사람은 성령님의 음성을 듣고 순종으로 반응하는 것이 특징이다.

정반대의 경우도 마찬가지이다. 하나님의 음성을 듣지 못하는 것은 그분이 우리에게 요청하신 변화를 받아들이지 않았다는 증거다. 그러면 결국 위선자나 가짜 그리스도인이 된다. 우리가 변화되지 않고 하나님의 일을 하고 있다면, 두 얼굴로 살고 있는 것이다. 하나님께서는 우리가 오직 그리스도의 얼굴만을 갖기 바라신다. 우리가 한마음, 그리스도의 마음을 갖기 바라신다. 우리가 이중적인 것을 바라지 않으신다. 우리가 진실한 마음, 하나의 초점, 한마음을 갖기 바라신다.

마음의 문제

이러한 훈련의 단계에서 하나님이 하시는 일은 저항하는 영역들을 무너뜨리시는 것이다. 이 붕괴의 결과로 하나님의 말씀에 떠는 겸손한 인격이 나타난다. 하나님은 이사야 선지자를 통해 이렇게 말씀하신다.

무릇 마음이 가난하고 심령에 통회하며 내 말을 듣고 떠는 자 그 사람은 내가 돌보려니와 _이사야 66:2

하나님이 말씀하실 때, 우리에게 필요한 영역을 보여 주실 때, 그분과 싸우려 하거나 그분의 음성을 피해 달아나는 것이 아니라 그로 인해 떨리는 마음이 우리에게 필요하다. 욥의 예를 살펴보면, 그는 하나님을 경외하는 경건한 사람이었고 악에서 떠난 자였다. 그래서 하나님은 "네가 내 종 욥을 주의하여 보았느냐 그와 같이 온전하고 정직하여 하나님을 경외하며 악에서 떠난 자가 세상에 없느니라"(욥 2:3)고 말씀하신 것이다.

욥은 악을 떠났지만, 우리는 하나님의 음성을 떠날 수 있다. 우리에게 필요한 부분을 하나님이 보여 주실 때, 우리 육신의 속 사람은 여전히 외면하며, 그분과의 교제를 끊고, 그분의 음성에 반응하지 않기로 선택하기도 한다. 이것이 바로 성경에서 말씀하는 마음을 완악하게 하는 것이다. 그래서 솔로몬은 "모든 지킬 만한 것 중에 더욱 네 마음을 지키라 생명의 근원이 이에서 남이 니라"(잠 4:23)고 조언한 것이다.

하나님은 우리 마음을 정결하게 하셔서 우리가 그분을 보고, 우리에게 말씀하시는 그분의 음성을 듣기를 바라신다. 우리 마음에 오셔서 그분의 임재의 실재로 우리를 인도하시고, 우리를 통해 영원히 스스로 계신 하나님을 나타내려 하신다. 에스겔 시대에 하나님의 영광이 성전에 돌아왔을 때, 그분은 에스겔 선지자에게 그 성전을 두고 "인자야 이는 내 보좌의 처소, 내 발을 두는 처소"(겔 43:7)라고 말씀하셨다. 이제는 하나님의 아들, 예수 그리스도께서 사역을 완수하셔서 하나님이 사람의 마음과 혼에 거하실 수 있다. 그러나 이스라엘 백성이 마음을 완악하게 하여 성전에 계신 하나님의 임재를 멀리 떠났듯이, 우리도 하나님의 음성에 마음을 완악하게 할 수 있다. 하나님을 향하여 마음을 완악하게 하는 것은 원수를 향해서 마음을 부드럽게 하는 것이다. 하나님의 음성에 마음을 완악하게 하는 것은 악한 자 앞에서 마음을 풀어놓는 것이다.

겸손으로 떨리는 마음

오늘날 하나님은 그분이 말씀하실 때, 그 음성에 떠는 겸손한 마음을 찾고 계신다. 우리는 하나님의 음성을 들을 때 "너희 영혼을 능히 구원할 바 마음에 심어진 말씀을 온유함으로 받"(약 1:21)아야 한다.

하나님의 말씀이 임할 때 우리가 늘 즉시 순종하는 것은 아니다. 두 번째 훈련의 단계, 곧 "애통하는 자의 복"에서 우리는 하나님이 우리 안에서 역사하시는 대로 실행해야 한다는 것을 배웠다. 기억하라. "너희 안에서 행하시는 이는 하나님이시니 자기의 기쁘신 뜻을 위하여 너희에게 소원을 두고 행하게"(빌 2:13) 하신다.

하나님의 말씀이 우리 내면에 역사하여 소원을 품게 하실 때가 있다. 아직 목표를 달성하거나 일을 성취하지는 않았지만, 말씀이 우리 안에서 역사하며 소원을 품게 하시는 것이다. 원수 마귀는 때로 우리에게 아직 말씀이 이루지 않은 것 때문에 정죄한다. 바로 이때 우리에게 겸손이 필요한 것이며 하나님 앞에서 계속 떨어야 할 때다. 바로 다음 구절은 "항상 복종하여 두렵고 떨림으로 너희 구원을 이루라"(빌 2:12)고 말씀한다. 여기서 떨림은 살아 계신 하나님 앞에 겸손한 것이지, 사람 앞에 떠는 것이 아니다.

이렇게 기도하라. "주님, 원수를 사랑하고, 심령이 정결하고, 두려움 없이 살게 하시고, 다른 모든 면에서도 제게 역사하셔서 제가 선한 소원을 품게 하소서."

우리가 겸손할 때 그리스도의 모든 덕, 영광, 성품이 우리 안에 시작된다. 오늘 하나님이 공급하시고 준비하신 겸손을 갖추지 않으면 하나님께서 약속하신 미래에 결코 들어가지 못할 것이다.

사랑하는 친구여, 나는 우리가 온전히 구비될 수 있다고 진심으로 확신한다. 모두가 이 변화들을 통과하여 우리 영혼에 부흥의 불꽃을 담을 수 있다. 왜냐하면 하나님께서 우리 내면에 역사하셨기 때문이다. 우리가 그저 하나님을 믿고 우리의 필요한 부분을 아는 과정을 받아들이고, 그것에 대해 애통하고, 그런 마음의 태도를 지키고, 겸손하기를 선택하면 구원을 이루지 못하는 사람은 아무도 없을 것이다.

너희 마음을 완고하게 하지 말라

그리스도를 닮아 가는 이 과정 중에 중요한 것은 어디에서도 마음을 완악하게 하지 말아야 한다는 것이다. 오늘 하나님의 음성을 듣더라도 마음을 완악하게 하여 반응하면, 그 후로 그 음성을 듣기가 더 어려워질 것이다. 처음에는 하나님의 음성이 광야의 외침같이 크게 들렸어도, 마음을 계속 완악하게 한다면, 그분의 음성이 밤중에 속삭이는 소리처럼 되다가 결국은 듣지 못하게 될 것이다.

마음을 완악하게 하지 말라. 하나님은 우리를 그분의 임재 속으로 인도하기 원하신다. 이 훈련의 과정이 길고 버거워 보이더라도, 그리스도를 닮는 유일한 길은 한 단계, 한 단계 나아가는 것뿐이다.

잠시 다윗의 예를 생각해 보라. 다윗이 어린 목동일 때 사무엘이 이스라엘의 왕이 되도록 기름 부었다. 그래서 다윗은 자신의 미래에 대한 하나님의 약속을 알았지만, 그것이 이뤄지기까지 여러 해 동안 광야에 살아야 했다.

많은 그리스도인이 광야에 살면서 두려움, 죄, 허무함에 시달리고 어둠의 굴속에서 허덕이다가 비로소 하나님 안의 새 삶을 맞이한다. 우리 모두 그리스도를 닮아 가는 여정을 광야에서부터 시작한다. 우리는 영적 성숙의 훈련 단계를 밟아 가면서 어둠의 동굴에서 하나님의 임재의 영광 속으로 나아가는 여정을 시작한다. 우리는 이렇게 내면에서부터 외면으로까지 변해 가는 과정을 받아들여야 한다.

하나님이 우리를 변화시키시는 과정에 자신을 맡기지 않으면, 산속의 어두운 동굴 속에서 계속 살게 될 것이다. 원래 그곳에 하나님의 임재가 있어야 하지만, 원수 마귀가 함께 거하게 된다. 그러니 마음이 완악해지지 않도록 주의하여 점점 더 그리스도의 형상으로 변화하라. 이 3단계 훈련에서 주님은 우리가 겸손하게 살기를 바라신다. "오 하나님, 저를 겸손하게 하소서"라고 기도하면 물론 하나님이 그렇게 상황을 조정해 주실 수도 있다. 하지만 스스로 겸손한 태도를 선택하여 하나님이 역사하실 수 있게 해야 한다. 우리에게 익숙한 말씀이 있다.

> 내 이름으로 일컫는 내 백성이 그들의 악한 길에서 떠나 스스로 낮추고 기도하여 내 얼굴을 찾으면 내가 하늘에서 듣고 그들의 죄를 사하고 그들의 땅을 고칠지라 _역대하 7:14

하나님의 음성을 들을 때, 그분이 속사람을 일깨우실 때, 어떤 죄를 정확하게 지적하며 회개하기를 원하실 때, 스스로 겸손하기로 선택하라. 어떤 기도를 해야겠다고 느낄 때, 어떤 예언을 해야겠다고 느낄 때, 어떤 꿈을 나누어야겠다고 느낄 때, 하나님의 음성에 겸손히 순종하라. 어떤 것을 해야 할 때마다 겸손하기를 선택하라.

힘들고 어려울 때만 겸손해지는 게 아니라, 변화되어 겸손함을 늘 선택하며 하나님과 동행하고 그분의 음성을 들으라. "오직 강하고 극히 담대하여 ... 우로나 좌로나 치우치지 말라 그리하면 어디로 가든지 형통하리니"(수 1:7).

지금 겸손한 마음을 선택하면, 하나님이 우리 안에 그리스도의 의에 대한 주림과 목마름을 일깨워 주실 것이다. 그리스도가 담대함을 주실 것이다. 그러니 오늘 겸손을 선택하라.

Pray···

하나님 아버지께서 말씀하실 때 떠는 온유함을 제 안에 일으켜 주소서. 제게 떠는 마음, 부드러운 마음, 깨진 마음을 주소서. 성령님께 민감하며 하나님 앞에 겸손히 행하도록 저를 훈련하소서.

온유함과 겸손의 과정을 거치면, 하나님의 말씀을 듣고 기쁨과 순종으로 받아들일 준비가 된다. 진정으로 겸손하면 하나님의 음성을 들을 때 기쁘다. 온유함과 겸손의 열매를 맺으면 성령님의 음성을 듣는 능력이 커진다. 겸손한 사람은 성령님의 음성을 듣고 순종으로 반응하는 것이 특징이다.

Chapter 12

의에 주리고 목마른 자

의에 주리고 목마른 자는 복이 있나니

그들이 배부를 것임이요

_마태복음 5:6

❖

성경에서 반복되는 주제 중에는 이런 질문이 있다. "사람이 무엇이기에 주께서 그를 생각하시며 인자가 무엇이기에 주께서 그를 돌보시나이까"(시 8:4). 욥도 동일한 질문을 다른 방식으로 던진다. "사람이 무엇이기에 주께서 그를 크게 만드사 그에게 마음을 두시고 아침마다 권징하시며 순간마다 단련하시나이까"(욥 7:17-18). 욥은 "어째서 저를 이렇게 심하게 대하십니까?"라고 묻고 있는 것이다.

성경 또 다른 곳에서 다윗도 똑같은 질문을 한다. 다윗은 광야에서의 시간, 곧 위기의 때를 통과하고 은혜와 복의 시기를 누리고 있었다. 그는 주님을 노래하며 질문한다. "주의 손가락으로 만드신 주의 하늘과 주께서 베풀어 두신 달과 별들을 내가 보오니 사람이 무엇이기에 주께서 그를 생각하시며 인자가 무엇이기에 주께서 그를 돌보시나이까"(시 8:3-4).

다윗은 계속해서 이렇게 말한다. "그를 하나님보다 조금 못하게 하시고 영화와 존귀로 관을 씌우셨나이다"(시 8:5). 일부 역본에서는 "천사들보다 조금 못하게" 하셨다고 하지만, 히브리어 엘로힘은 창세기 1장 1절에도 사용된 표현으로 구약에서 주로 "하나님"을 지칭하는 데 사용된다.[1] 그렇다면 우리가 하나님보다 조

---

1) "성경 주석: 창세기 1장," StudyLight.org, 2023년 11월 15일, http://www.studylight.org/com/acc/view.cgi?book=ge&chapter=001.

금 못하다는 말씀일까?

하나님은 먼저 사람을 창조하시면서 그분 자신의 후손이 되도록 계획하셨다. 하나님의 실제적인 임재를 경험하도록 그분의 형상대로 사람을 창조하셨다.

다윗은 자신을 포함하여 하나님의 피조물에 경탄하고 있다. 그리고 그것을 생각하면서 경외심으로 가득 차 있다. 아마 그는 어느 달 밝은 밤에 앉아서 달과 별들을 보고 있었을 것이다. 그러다 아침이 되어 찬란한 새벽빛이 떠오르고 동쪽 하늘이 물든 것을 보면서 다윗은 아름다운 자연을 인간과 비교하며 이렇게 노래했으리라.

주의 손가락으로 만드신 주의 하늘과 주께서 베풀어 두신 달과 별들을 내가 보오니 사람이 무엇이기에 주께서 그를 생각하시며 인자가 무엇이기에 주께서 그를 돌보시나이까 _시 8:3-4

사람이 무엇이기에?

우리는 무엇인가? 우리가 하나님께 순종하는 것이 왜 중요한가? 우리가 존재하는 목적은 무엇인가?

태초에 하나님은 사람을 그분의 형상대로 만들기로 결정하

섰다. 에베소서 2장 6절은 하나님이 우리를 "[그리스도와] 함께 일으키사 그리스도 예수 안에서 함께 하늘에 앉히시니"라고 말씀한다. 요한계시록 3장 21절에서는 그리스도께서 그것을 확증하시며 "이기는 그에게는 내가 내 보좌에 함께 앉게 하여 주기를 내가 이기고 아버지 보좌에 함께 앉은 것과 같이 하리라" 말씀하신다.

우리의 위상, 위엄, 영광 그리고 권세가 천사보다도 높아질 때가 오고 있다. 그러나 아직은 아니다. 성경은 우리에게 "사람이 무엇이기에 주께서 그를 생각하시며 … 그를 잠시 동안 천사보다 못하게 하시며 영광과 존귀로 관을 씌우시며"(히 2:6-7)라고 말씀한다. 천사들은 하나님의 보좌에 앉지 않는다. 하지만 하나님은 자신을 따르는 자들을 천국의 자리에 그분과 함께 앉혀 주신다. 지금은 우리의 위치가 천사들보다 조금 못하지만, 장차 더 높은 자리에 오르게 될 것이다. 우리는 하나님의 임재 안에 있게 될 것이다. 하나님의 임재 안에 살아갈 것이라는 약속은 우리 마음속에 깊은 갈급함과 목마름을 일깨운다.

하나님의 구속 계획에 따라 우리는 천사들보다 못한 위치로 낮아졌다. 그것은 마치 예수 그리스도께서 친히 잠시 낮아지셨던 것과 같다.

오직 우리가 천사들보다 잠시 동안 못하게 하심을 입은 자 곧 죽음의 고난 받으심으로 말미암아 영광과 존귀로 관을 쓰신 예수를 보니 이를 행하심은 하나님의 은혜로 말미암아 모든 사람을 위하여 죽음을 맛보려 하심이라 그러므로 만물이 그를 위하고 또한 그로 말미암은 이가 많은 아들들을 이끌어 영광에 들어가게 하시는 일에 그들의 구원의 창시자를 고난을 통하여 온전하게 하심이 합당하도다 _히브리서 2:9-10

예수 그리스도는 하나님의 장자이시고, 생명을 주시는 분이며, 성육신하신 말씀이다. 예수님은 자기 생명을 주께 내어 드리는 자들에게 예수님과 함께 그분의 보좌에 앉는 특권을 베풀어 주신다. 천사들은 그분의 군대이며 그분을 예배하는 무리이지만, 우리는 예수님의 신부가 된다. 하나님의 계획에서 "의에 주리고 목마른 자는 ... 배부를"(마 5:6) 것이다.

우리의 필요를 인정하고, 회개하며, 마음을 겸손히 낮추어 우리 안에서 말씀하시는 하나님의 음성을 듣기 시작하면, 현실이 하나님의 목적이 성취되기 바라는 깊은 갈급함과 목마름을 일깨운다. "내가 정말로 이런 존재인가? 사람이 이렇게 되도록 창조되었단 말인가?"를 묵상하면서 그 약속 앞에서 떨게 된다. 인간이 하나님의 형상대로 창조되었다는 것을 보게 되기 때문이다.

우리는 잠시 천사보다 못하지만, 지금은 변화의 과정 중에 있고 그 과정은 정직과 함께 시작된다. 정직하면 회개하게 되고, 겸손하고 온유해지면 하나님의 의에 대한 굶주림과 갈증을 경험하게 된다.

우리는 하나님이 추구해 오신 것이 무엇인지 듣는다. 그것은 단순히 우리가 죄를 떠나서 편하게 사는 것이 아니라 의로워지는 것이다. 우리가 여기서 이야기하는 의는 영광스럽게 보인다. 그것은 충만한 영광이다.

이렇게 경험하는 굶주림과 갈증은 의에 대한 깊은 갈망을 일깨운다. 감춰진 보화처럼 일단 찾으면 기쁨을 준다. "천국은 마치 밭에 감추인 보화와 같으니 사람이 이를 발견한 후 숨겨 두고 기뻐하며 돌아가서 자기의 소유를 다 팔아 그 밭을 사느니라"(마 13:44). 이것은 "마치 좋은 진주를 구하는 장사와 같으니 극히 값진 진주 하나를 발견하매 가서 자기의 소유를 다 팔아 그 진주를 사느니라"(마 13:45-46)고 말씀하는 것과 같다.

보화를 소유하기

보화는 밭에 감춰져 있었다. 보화를 얻으려면 땅을 파야 한다. 우리의 삶 속은 흙과 청소해야 할 것들로 가득하지만, 그 밑에 보화가 감춰져 있다. 그 보화는 우리 안에 계신 영광의 소망이신 그리스도이시다.

그 보화를 보게 되면 그리스도의 의에 대한 굶주림과 갈증으로 인해 모든 것을 팔 수밖에 없다. 그리고 그 보화를 숨기기 위해 무엇이든 버리게 된다. 당신은 아직 그 보화를 보지 못했을 수도 있다. 그것이 드러나지도 않았고 보이지 않아도 하나님께서 우리에게 하신 약속을 기억하라. "이기는 그에게는 내가 내 보좌에 함께 앉게 하여 주기를 내가 이기고 아버지 보좌에 함께 앉은 것과 같이 하리라"(계 3:21).

> 하나님께는 처음부터 완벽한 사람이 없다.
> 오직 그분이 변화시킨 사람들만 있을 뿐이다.

우리는 하나님의 약속보다는 자신의 죄를 보기 때문에, 자신이 불완전함으로 인해 스스로 자격이 없다고 느낀다. 하나님께서 사용하신 사람들은 모두 자신의 필요를 극복하고 회개하며 살아야 했다. 하나님께는 처음부터 완벽한 사람이 없다. 오직 그분이 변화시킨 사람들만 있을 뿐이다. 그들은 정직했고 온유해졌다. 그들은 의로 인해 주리고 목말라하기 시작했다. 그들은 시험을 극복하고 하나님이 사용하시는 사람이 되었다.

하나님을 더 원하는 깊은 굶주림과 갈증으로 가득해지면, 성령님의 능력이 당신을 행동하게 함으로써 하나님과 동행하도록 허락하라. 그리스도를 닮아가는 단계로 들어가서 그것을 방해

하는 모든 것을 극복하면, 아무도 하나님의 의로 충만해지는 자격을 잃지 않는다. 이는 남녀노소 모두 마찬가지이다. 하나님이 계속해서 다루신 것들은 모두 마음의 성품이다. 그리스도를 닮지 않으면 다른 아무것도 소용이 없다. 그리스도는 "만물을 자기에게 복종하게 하실 수 있는 자의 역사로 우리의 낮은 몸을 자기 영광의 몸의 형체와 같이 변하게 하"(빌 3:21)실 것이다.

그것이 우리가 지향하는 바이다. 이것이 우리가 주리고 목말라하며 하나님이 우리 앞에 준비해 두신 변화들을 받아들이는 이유이다. 우리 내면의 깊은 갈망은 영혼에 필요한 변화들을 이끌어낼 것이다. 예수님이 "그 앞에 있는 기쁨을 위하여 십자가를 참으사 부끄러움을 개의치 아니하시더니 하나님 보좌 우편에"(히 12:2) 앉으신 것처럼 우리도 마음속에 하나님께서 임재하시는 기쁨을 경험할 때까지 전진해 나아가야 한다. 이는 잠언에서 "고되게 일하는 자는 식욕으로 말미암아 애쓰나니 이는 그의 입이 자기를 독촉함이니라"(잠 16:26)고 하는 것과 같다.

나는 하나님 안에서 나의 소명을 성취하기를 간절히 원한다. 나는 하나님께서 원하시는 모습으로 변화되기를 열망한다. 하나님의 은혜와 복이 나를 지금 이 모습 그대로 두기를 바라지 않는다. 나는 삶이 변화되기를 원한다. 그분이 들어오셔서 나의 자아를 몰아내셔야 한다. 하나님은 낡은 가죽 부대에 새 포도주를 붓지 않으실 것이다.

우리의 마음이 이기심에서 벗어나 교만을 회개함으로써 영혼을 더 깊이 살펴볼수록, 우리 영은 주 앞에서 더욱 정직하고 진실해질 것이고, 우리의 삶에 대한 하나님의 약속을 더 잘 듣게 될 것이다. 우리는 부르심을 받아 하나님이 임하여 거하실 처소로 준비되고 있으며, "성령 안에서 하나님께서 거하실 처소가 되기 위하여 그리스도 예수 안에서 함께 지어져"(엡 2:22) 가고 있다.

우리는 주리고 목마른가?

그리스도를 따르는 모든 사람이 하나님이 거하시는 처소라는 것은 영적 실재이다. 이것이 우리의 목적이며 도착지이다. 단지 주일 예배 때나 하루 중 어느 순간에만 그런 것이 아니라 내면에 끊임없는 굶주림과 갈증이 있어야 한다. 우리는 일터, 학교, 주변 상황, 이웃, 가정에서 제자가 되도록 부름 받았다. 제자가 되려면, 하나님의 보좌에 이르기까지 의에 주림과 목마름이 하나님의 보좌에 이르기까지 계속되어야 한다. 이것이 우리의 주림과 목마름의 목표이다.

어떤 젊은이가 늙은 현자에게 와서 말했다. "저는 하나님을 알고 싶어요. 어떻게 하면 정말로 하나님을 알 수 있는지 말씀해 주세요." 그러자 현자가 대답했다. "하나님에 대해 알고 싶다고?

하나님이 누구신지 알고 싶다고? 같이 가세." 그들은 언덕을 내려가 호숫가에 섰다. 젊은이는 생각했다. "아마 여기서 세례를 받나 보다. 그가 여기서 뭔가 할 거야." 젊은이가 물속으로 걸어 들어가서 목까지 물에 잠기자 현자는 젊은이의 머리에 손을 얹고 물속으로 밀어 넣었다. 젊은이는 "그가 나에게 세례를 베풀고 있어. 잠시 후 나를 물에서 나오게 하겠지"라고 생각했다. 그러나 그는 젊은이를 물에서 나오게 하기는커녕 계속 누르고 있었다. 폐가 터져서 죽을 지경이 되자 마침내 젊은이는 노인의 팔을 뿌리치고 물 밖으로 솟구쳐 올랐다. 그는 놀라서 사색이 됐다. 그러자 늙은 현자가 말했다. "숨을 쉬고 싶은 것만큼 하나님을 간절히 원하고 그렇게 주리고 목말라야 하나님의 임재에 들어갈 수 있다네."

> 하나님이여 사슴이 시냇물을 찾기에 갈급함 같이 내 영혼이 주를 찾기에 갈급하니이다 내 영혼이 하나님 곧 살아 계시는 하나님을 갈망하나니 내가 어느 때에 나아가서 하나님의 얼굴을 뵈올까 _시편 42:1-2

주리고 목마르다는 것은 무엇인가? 비어 있다는 것이다. 주림과 목마름의 여정이 시작되기 전에 비워짐이 있어야 한다. 교만, 자아, 야심이 비워져야 한다. 하나님이 우리 마음속 건축 현장에서 흙을 파내고 계신다. 하나님의 능하신 손이 삽처럼 모든 두려움과 죄를 제거하셔서 우리는 그분 앞에서 두려움 없는 거룩한 사람이 된다. 하나님께는 능하지 못하심이 없다. 우리를 포함한 모든 사람이 변화될 수 있다.

하나님께 쓰임 받은 적이 전혀 없다고 느낄지도 모르겠다. 아무도 모르게 구석에 처박혀 진정한 삶이 어떤지 밖을 내다보지도 못했고 삶이나 죽음이나 모든 게 두려워서 이도 저도 못했을 수 있다.

그러나 이제 부디 용기를 내어 나오기 바란다. 그래서 이 과정에 동참하라. 회개에 동참하라. 하나님 앞에 정직해지는 데 동참하라. 온유해져서 하나님께서 말씀하실 때 떠는 데 동참하라. 이러한 변화의 과정을 받아들이라.

Pray ....

주여, 정직, 회개, 겸손의 길, 변화의 길을 제게 보여 주소서. 그 길은 주리고 목마르며 하나님의 음성을 듣고 하나님을 보는 것으로 이어지 오니 제게 보여 주소서. 주여, 저는 변화될 수 없다고 핑계를 대지만, 주께서 저의 핑계거리보다 더 크심을 믿도록 제게 믿음을 주소서. 제 죄를 제거해 주시고 제 문제의 핵심에 역사하시며 제게 주를 계시하소 서. 그래서 예수 그리스도의 제자가 되는 부르심을 제가 받아들이게 하소서.

우리는 잠시 천사보다 못하지만, 지금은 변

화의 과정 중에 있고 그 과정은 정직과 함께

시작된다. 정직하면 회개하게 되고, 겸손하

고 온유해지면 하나님의 의에 대한 굶주림

과 갈증을 경험하게 된다.

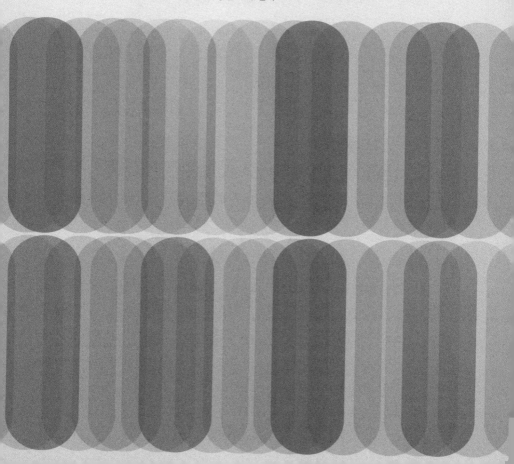

Chapter 13

긍휼히 여기는 자

긍휼히 여기는 자는 복이 있나니
그들이 긍휼히 여김을 받을 것이요

_마태복음 5:7

❖

우리는 지금까지의 영적 성숙을 향한 여정 가운데 하나님을 더 원하는 그리스도인의 지침이 되는 중요한 특징들을 발견했다. 회개하는 겸손한 마음, 하나님의 음성에 열려 있는 영, 하나님의 의에 굶주리고 목마른 것이 바로 천국의 모습이다.

우리 사회에서 하나님께 쓰임 받는 것을
가로막는 최대의 장애물은 마귀가 아니다.
세상이나 어떤 정당도 아니다.
그것은 교만하여 자기 죄를 회개하지 않고 변화의 과정에
자기 몸을 맡기지 않는 자기만족에 취한 그리스도인의 마음일 것이다.
그런 사람은 세상의 상태에 대해서는 분노하지만,
정작 자신의 마음 상태가 어떤지 전혀 모르고 있다.

이제 하나님의 의에 대한 깊은 굶주림과 갈증을 경험한 사람들이 밟을 다음 단계는 하나님의 놀랍고 초자연적인 긍휼을 경험하는 것이다. 의에 주리고 목마르더라도 우리는 실족할 때 여전히 타인을 긍휼히 여기지 못한다. 우리는 어떻게 해야 긍휼히 여기는 자가 될 수 있을까?

우리 사회에서 하나님께 쓰임 받는 것을 가로막는 최대의 장애물은 마귀가 아니다. 세상이나 어떤 정당도 아니다. 그것은 교만하여 자기 죄를 회개하지 않고 변화의 과정에 자기 몸을 맡기지 않는 자기만족에 취한 그리스도인의 마음일 것이다. 그런 사람은 세상의 상태에 대해서는 분노하지만, 정작 자신의 마음 상태가 어떤지 전혀 모르고 있다.

세상은 자기 잘못을 인정하는 그리스도인, 자신을 겸손히 낮추어 하나님께 나아갈 만큼 주변과는 다른 그리스도인을 보기를 원한다. 하나님은 거듭난 자들을 통해 예수 그리스도의 빛이 나타나기를 바라신다.

하나님은 교회가 완전하기를 바라신다

우리는 종교적인 사람이 되는 법은 알지만, 정작 긍휼은 베풀 줄 모를 때가 많다. 끊임없이 용서하기, 억지로 오 리를 가게 하는 사람과 기꺼이 십 리를 동행해 주기, 뺨을 치는 자에게 다른 쪽 뺨도 돌려대기, 속옷을 달라는 사람에게 겉옷까지 주기와 같이 예수님이 우리에게 요구하시는 다음 단계, 긍휼의 특성들을 어떻게 배울 수 있을까? 우리의 내면은 온통 이기적이고, 자기 방어적이며, 자신이 우선인데, 어떻게 하면 자비로운 사람으로 변화될 수 있을까?

긍휼을 베푸는 것이 무엇인지 온전히 이해하려면, 하나님은 교회가 온전하기를 바라신다는 것을 알아야 한다. 온전함이 하나님의 기준이다. 그런데 하나님을 따르는 자들 대부분은 하나님이 그분의 몸 된 교회의 온전함을 얼마나 중요하게 여기시는지 잘 모른다. 예수님은 산상수훈에서 "그러므로 하늘에 계신 너희 아버지의 온전하심과 같이 너희도 온전하라"(마 5:48)고 가르치셨다. 이것이 교회를 향한 하나님의 부르심의 기준이다.

바울은 이것에 대해 더 자세히 설명했다.

그가 어떤 사람은 사도로, 어떤 사람은 선지자로, 어떤 사람은 복음 전하는 자로, 어떤 사람은 목사와 교사로 삼으셨으니 이는 성도를 온전하게 하여 봉사의 일을 하게 하며 그리스도의 몸을 세우려 하심이라 우리가 다 하나님의 아들을 믿는 것과 아는 일에 하나가 되어 온전한 사람을 이루어 그리스도의 장성한 분량이 충만한 데까지 이르리니_엡 4:11-13

바울은 믿는 자들을 그리스도의 신부라고 하면서, 그리스도께서 우리를 말씀의 물로 씻으셔서 "영광스러운 교회로 세우사 티나 주름 잡힌 것이나 이런 것들이 없이 거룩하고 흠이 없게"(엡

5:27) 하신다고 가르쳤다. 하나님의 기준은 언제나 완전하다. 주님 께는 중간이나 적당히가 없다. "좋아. 너희가 월요일, 수요일, 금요 일에 사랑하고, 나머지 날에는 대강해도 돼"라고 하지 않으신다.

하나님은 그런 분이 아니시다. 성경을 보라. 교회에 완전한 기 준을 제시하신다는 주님의 말씀이 반복될 것이다. 왜 내가 이 말 을 반복하는지 궁금한가? 간단하다. 하나님의 기준을 모르면, 우 리 내면에 있는 온갖 불완전함에 대해 너그러울 것이기 때문이다.

예수님은 요한계시록 2, 3장에서 교회들에게 말씀하셨다. 그 분은 모든 교회들에게 악한 세상 속에서 거룩하고 흠이 없어야 한다고 요구하셨다. "네가 어디에 사는지를 내가 아노니 거기는 사탄의 권좌가 있는 데라"(계 2:13)고 말씀하셨다. 얼마나 담대한 말씀인가!

그 교회들이 어떤 영적 전쟁을 하고 있었는지는 모르지만, 주 님은 그들에게 올바르게 행하라고 말씀하셨다.

- 에베소 교회에 "너의 처음 사랑을 버렸느니라 그러므로 어디서 떨어 졌는지를 생각하"(계 2:4-5)라고 말씀하셨다.
- 버가모 교회에는 "거기 네게 발람의 교훈을 지키는 자들이 있도다 발 람이 발락을 가르쳐 이스라엘 자손 앞에 걸림돌을 놓아"(계 2:14)라고 말씀하셨다.
- 두아디라 교회에는 "자칭 선지자라 하는 여자 이세벨을 네가 용납함이

니"(계 2:20)라고 말씀하셨다.

- 사데 교회에는 "네가 살았다 하는 이름은 가졌으나 죽은 자로다 너는 일깨어 그 남은 바 죽게 된 것을 굳건하게 하라"(계 3:1-2)고 말씀하셨다.
- 라오디게아 교회에는 "네가 이같이 미지근하여 뜨겁지도 아니하고 차지도 아니하니 내 입에서 너를 토하여 버리리라"(계 3:16)고 말씀하셨다.
- 서머나 교회와 빌라델비아 교회는 꾸중을 듣지 않았지만, 그들에게도 조언하셨다. "네가 죽도록 충성하라. … 네가 가진 것을 굳게 잡아 아무도 네 면류관을 빼앗지 못하게 하라"(계 2:10, 3:11).

그들 주변의 세상 속에서 꼭 필요한 것을 각 교회에 말씀하셨다.

긍휼은 심판을 이기고 자랑하느니라

하나님이 완전함을 요구하지 않으신다고 생각한다면, 하나님의 신성과 완전하심을 인간이 생각하는 수준으로 낮추는 것이다.

어떻게 해야 하나님의 완전한 기준에 도달할 수 있을까? 오직 그리스도가 누구신지 알고 그분의 완전하심과 긍휼에 비추어 자신이 어디에 있는지 인식해야만 진정으로 자비로운 사람이 될 수 있다.

내 삶에서 그것이 어떻게 역사했는지 이야기해 주겠다. 처음에는 그것이 얼마나 어려운지 깨닫지 못한다. 왜냐하면 자신을 다른 그리스도인들과 비교하기 때문이다. 그러다가 하나님이 우리의 교만과 남을 판단하는 것을 다루기 시작하시면서 우리에게 다룸이 필요한 영역을 보여 주신다. 우리는 하나님의 기준에 대해 깨닫기 시작한다.

이 시점에서 우리는 결단해야 한다. 자신을 겸손히 낮추어 교회를 향한 그리스도의 기준에 우리가 미치지 못한다는 것을 인정하거나 바리새인처럼 자신을 의롭게 여기고 마음의 문제들을 해결하는 것을 회피해 왔음을 시인해야 한다. 한 번에 하나씩 변화시키기 시작하자. 금방 변화되는 것도 있고, 시간과 인내가 필요한 것도 있다. 우리 영혼에는 치열하게 싸우지 않는 한 고쳐지지 않을 부분도 있다. 그것들은 쉽게 변화되지 않는다.

하나님의 긍휼

어떤 영역들은 하나님의 기준을 지켰지만, 다른 영역들은 문제가 있다는 것을 깨달을 때 어떻게 해야 할까? 하나님께 나아가 이렇게 말씀 드리라. "오 하나님, 제가 다 망쳤어요. 이 사람이 저를 이렇게 대하면 저는 너무 화가 나요. 오늘 저는 많은 잘못을 저질렀어요. 하나님, 도와주세요. 저를 용서해 주세요."

하나님은 그렇게 솔직하게 필요를 인정하는 순간에 한없는 긍휼을 베푸시기 시작한다. "오늘도 또다시 실수한 걸 안다. 네가 애쓰고 노력했지만 변화되지 못하고 그것이 계속 반복되는 모습을 지켜봤다. 네가 고군분투하며 노력하고 있다는 걸 안다. 그러므로 이렇게 하자. 네가 겸손하게 구하고 있으니, 내가 은혜를 베풀어 주겠다. 그러나 이 일 하나는 용서할 수 없다." 당신은 하나님께 부르짖는다. "잠깐만요, 뭐라고요? 하나님, 제가 어떻게 하면 될까요?" 하나님은 이렇게 말씀하신다. "내가 너를 용서해 주기 바란다면, 너도 네 이웃을 용서해야 한다. 네가 참을 수 없는 그 사람을 용서해야만 나도 너를 용서할 것이다."

성경은 이것을 자유의 율법이라고 부른다.

> 너희는 자유의 율법대로 심판 받을 자처럼 말도 하고 행하기도
> 하라 긍휼을 행하지 아니하는 자에게는 긍휼 없는 심판이 있으
> 리라 긍휼은 심판을 이기고 자랑하느니라 _야고보서 2:12-13

당신의 삶에도 그런 사람이 있는가? 이것을 읽을 때 누가 떠오르는가? 함께 일하는 그 사람이 장기 휴가를 가거나 퇴사했으

면 좋겠는가? 항상 참견하고 싶어 하는 이웃이 있는가? 어쩌면 그런 사람이 여러 명일 수도 있다. 그들은 마치 당신을 반대하고 적대하기 위해 있는 것 같다. 그럴 때 하나님이 말씀하신다. "나는 네가 견디기 어려운 그 사람을 용서하기 바란다." 우리는 하나님께 부르짖는다. "오 하나님, 이 방법 밖에 없나요? 다른 방법은 없어요?"

> 우리가 먼저 긍휼히 여기지 않으면
> 우리 자신도 긍휼히 여김을 받지 못할 것이다.
> 다른 선택지는 없다.

예수님이 "우리가 우리에게 죄 지은 자를 사하여 준 것같이 우리 죄를 사하여 주시옵고"(마 6:12)라고 말씀하셨다. 그분은 또 말씀하신다. "긍휼히 여기는 자는 복이 있나니 그들이 긍휼히 여김을 받을 것임이요"(마 5:7). 그런 다음 우리가 잘 이해할 수 있도록 마태복음 18장에서 만 달란트 빚진 사람의 비유를 말씀하신다. 그는 자기에게 빚진 사람을 용서해야만 자기 빚을 탕감받을 수 있었다.

성경은 우리에게 "용서하라 그리하여야 하늘에 계신 너희 아버지께서도 너희 허물을 사하여 주시리라"(막 11:25)고 말씀한다. 우리가 먼저 남을 긍휼히 여기지 않으면 우리 자신도 긍휼히 여김을 받지 못할 것이다. 다른 선택지는 없다.

하나님의 긍휼을 간절히 바란다면, 다른 사람들에게 긍휼을 베풀기 시작하라. 당신을 너무나 슬프게 한 그 사람을 용서하라. 용서하기 위한 서툰 걸음을 내딛기 시작하면, 절박하게 하나님의 용서를 바라기에 그분과 화목하고자 하는 갈망만이 당신을 이끌어 가게 된다.

"알겠습니다, 주님. 제가 용서하지 않으면 주님과의 교제가 온전하게 열리지 않는다면, 이 사람을 용서하겠습니다."라고 하면, 그 동기가 바람직한 것은 아니더라도 당신은 올바른 방향으로 나아가려 애쓰고 있는 것이다. 그리고 그렇게 하는 순간 당신의 내면에 역사가 일어난다. 자기보호와 자기의에 대한 깊은 욕구에 갇힌 그 영역을 하나님께 내어 드리기 시작하면 조금씩 긍휼이 풀어진다. 우리는 하나님의 완전한 기준에 한 걸음 더 가까워진다.

주는 대로 받게 된다

우리가 다른 사람에게 베푸는 대로 우리도 받게 되는 것이 하나님이 일하시는 방법이다. 우리가 주는 대로 받게 된다. 우리가 조금만 긍휼을 베풀면, 우리도 조금만 긍휼히 여김을 받게 된다. 따라서 우리는 조금 더 큰 긍휼을, 조금 더 자비를 베풀어야 한다. 당신이 그 사람을 용서하기 시작하면, 결국 더는 그 사람이 당신을 적대시하지 않기 때문에 변했다고 생각하게 된다. 어쩌면 당신은 자기에게서 무슨 일이 일어나는지 깨닫지 못할 수도 있다. 하나님이 우리에게 먼저 긍휼을 베풀게 하시는 목적은 그분의 완전한 기준을 향해 나아가게 하시려는 것이다.

> 그리스도인의 완전함이란
> 어떤 율법이나 선을 하나하나 엄격하게 지키는 것이 목적이 아니다.
> 그것은 사랑의 완전함이다.

예수님은 우리에게 "그러므로 하늘에 계신 너희 아버지의 온전하심과 같이 너희도 온전하라"(마 5:48)고 말씀하신다. 누가복음에서는 "너희 아버지의 자비로우심 같이 너희도 자비로운 자가 되라"(눅 6:36)고 함으로써 이 말씀의 의미를 확장한다. 그리스도인의 완전함이란 어떤 율법이나 선을 하나하나 엄격하게 지키는 것이 목적이 아니다. 그것은 사랑의 완전함이다.

하나님은 우리의 죄를 사용하셔서 사랑하게 하신다. 우리는 죄의 문제를 해결하려고 애쓰지만 사랑의 측면에 초점을 맞추지는 않았다. 그러나 우리의 죄를 정직하게 다루고 있다면 사랑이 커지면서 우리 삶의 죄의 영역을 해결할 수 있게 돕는다. 그리고 사랑이 커질수록 하나님이 우리에게 요구하시는 대로 더 많이 용서하게 된다.

궁극적으로 우리는 완전함의 기준, 곧 긍휼의 기준을 성취할 수 있게 된다. 하나님은 누가복음 7장의 예를 통해 이 과정을 이해할 수 있게 도우신다. 예수님은 어느 바리새인의 집에서 열린 만찬 자리에 가셨다. 사람들이 식사하려고 자리에 앉았는데 어떤 여자가 따라 들어와서 예수님의 발치에 무릎 꿇고 앉아서 눈물로 예수님의 발을 적시며 자기 머리카락으로 닦기 시작했다. 예수님을 저녁 식사에 초청한 바리새인 시몬은 그 여자가 창녀라는 것을 알고 속으로 생각했다. "이 사람이 만일 선지자라면 자기를 만지는 이 여자가 누구며 어떠한 자 곧 죄인인 줄을 알았으리라"(눅 7:39). 그러자 예수님이 시몬의 생각을 아시고 이렇게 말씀하셨다.

> 이 여자를 보느냐 내가 네 집에 들어올 때 너는 내게 발 씻을 물도 주지 아니하였으되 이 여자는 눈물로 내 발을 적시고 그 머리털로 닦았으며 너는 내게 입맞추지 아니하였으되 그는 내가 들어올 때로부터 내 발에 입맞추기를 그치지 아니하였으며 너는 내 머리에 감람유도 붓지 아니하였으되 그는 향유를 내 발에 부었느니라 이러므로 내가 네게 말하노니 그의 많은 죄가 사하여졌도다 이는 그의 사랑함이 많음이라 사함을 받은 일이 적은 자는 적게 사랑하느니라 _누가복음 7:44-47

하나님의 기준을 충족시키는 데 필요한 변화가 시작되면, 우리가 얼마나 큰 용서를 받았는지 깨닫게 된다. 예수님은 적게 용서받은 사람은 적게 사랑한다고 말씀하셨다. 그 반대도 마찬가지이다. 많이 용서받으면, 많이 사랑한다. 하나님의 긍휼을 받아들이기 시작하면, 많은 것을 용서 받았다는 것을 깨닫게 된다. 그리고 그분의 긍휼이 우리 삶으로 흘러 들어오는 과정 가운데 그것이 다른 사람들에게로 흘러간다. 하나님의 관점으로 우리의 필요를 보면 결국 많이 사랑하게 된다. 이것이 바로 하나님이 일하시는 놀라운 방법이다. "우리가 사랑함은 그가 먼저 우리를 사랑하셨"(요일 4:19)기 때문이다.

어떤 율법이나 종교를 지키는 것은 하나님의 기준이 아니다. 그것은 종교적 수행이 아니라 하나님과 동행하는 것이다. 하나님은 예수 그리스도를 통해 그 기준을 제시하신다. 변화에 대한 필요성을 인식하는 과정 가운데 하나님의 긍휼이 우리에게 얼마나 필요한지 깨달으면, 하나님은 우리의 회개를 통해 긍휼을 선물로 베풀어 주신다. 그리하여 우리는 그 긍휼을 우리 삶에서 다른 이들의 삶으로 흘려보내게 된다.

많이 사랑하는 사람

내면을 성찰하며 하나님 앞에서 겸손히 낮추는 이 과정으로 인해 우리는 억눌리는 자가 아니라 많이 사랑하는 사람이 된다. 앞서 말했듯이 우리의 세상, 도시, 그리고 이웃들에게는 이 세상의 상황에 분노하면서 정작 자기 마음의 상태에는 무지한 그리스도인이 아니라 많이 사랑하는 사람들이 필요하다.

하나님이 원하시는 사람이 되려면, 예수님의 긍휼을 보여 주는 사람이 되어야 한다. 긍휼히 여기는 자는 복이 있다. 하나님의 긍휼은 우리가 그분의 보좌 앞에서 발견하여 그것을 베푸는 과정을 수행하기 시작할 때 비로소 우리 안에 내재되는 것이다.

당신의 삶에 정말로 거슬리는 사람, 성화되지 않은 사람들이 있을 것이다. 그러나 그들은 하나님이 섭리 가운데 우리 삶에 지정된 사람들일 수도 있다. 그러니 우리의 사랑이 완전해지도록 그들이 우리 삶 속에 있다는 것을 깨닫기 바란다. 하나님은 우리를 어떤 상황 속에 밀어 넣으셔서 필요에 따라 하나님의 은혜를 의지하게 하신다. 그분은 우리가 받은 그 사랑으로 다른 사람들의 필요를 채워 주기를 바라신다. 우리가 사랑을 베풀고 있는 사람이 구원을 받지 않을 수도 있다. 그러나 그러한 상황 속에서 하나님은 우리가 깨닫기를 바라시는 것이 있다. 부당한 상황에서도 우리가 사랑하는 모습을 사람들이 보게 될 때 그러한 관계 속에서 영혼을 추수하게 될 것이다. 사람들은 우리가 긍휼, 용서 그리고 하나님의 생명을 베푸는 모습을 보게 될 것이다.

세상은 삶의 고난과 갈등 가운데 예수님을 드러내는 그리스도인들을 찾고 있다. 우리는 그런 그리스도인이다. 당신이 바로 그 사람이다! 주님의 긍휼로 충만하게 해달라고 간구하라. 하나님의 긍휼과 사랑에 잠긴 그리스도의 제자가 되라. 이 모든 영적 단계들을 통과하기로 결단하고 그리스도의 형상을 나타내는 자가 되자.

Pray··

주여, 제가 이웃, 배우자, 자녀를 긍휼히 여기게 하소서. 저는 긍휼의 마음으로 행하는 사람이 되기 원합니다. 저의 필요를 채우기 위해서가 아니라, 주님의 마음을 더 알기 원합니다. 주님은 사랑이시며, 태초부터 주님의 계획은 저를 주님의 형상으로 만드는 것이었습니다. 주님의 마음을 보고 주님을 더 알기를 간절히 갈망합니다.

어떤 율법이나 종교를 지키는 것은 하나님의 기준이 아니다. 그것은 종교적 수행이 아니라 하나님과 동행하는 것이다.

그리스도인의 완전함이란 어떤 율법이나 선을 하나하나 엄격하게 지키는 것이 목적이 아니다. 그것은 사랑의 완전함이다.

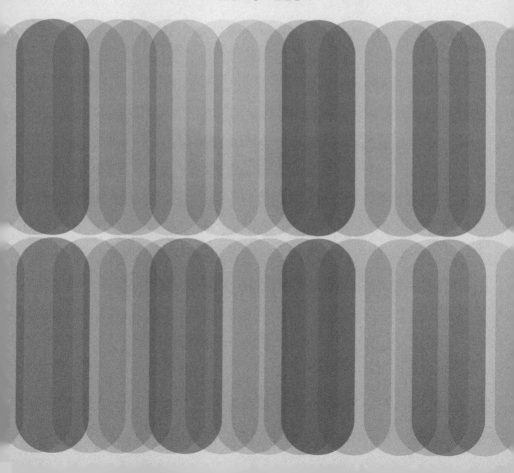

Chapter 14

마음이 청결한 자

마음이 청결한 자는 복이 있나니

그들이 하나님을 볼 것임이요

_마태복음 5:8

우리 존재의 모든 신비는 마음의 상태를 온전하게 하는 것에 집중되어 있다. 물론 인간적인 측면에서 우리를 둘러싼 모든 수평적 관계, 우리의 삶에 들어오고 나가는 모든 관계에서 충만함을 얻음으로 성공적일 수는 있다. 그러나 우리가 존재하는 신성한 이유는 하나님이 우리 마음에 다가오실 수 있게 하려는 것이다. 그러한 영적 훈련의 초기 단계에서는 떨리는 마음, 겸손한 마음, 정직한 마음이 변화의 시작이라고 배웠다.

그러나 하나님은 그 이상을 찾으신다. 마음은 실체가 있는 곳이다. 하나님은 바로 그 실체를 지켜보신다. 그분은 겉으로 드러나는 외모를 보지 않으신다. 마음을 살피시고 우리가 아무도 보지 못하게 은밀히 감춰 두었다고 생각하는 것들을 보신다. 하나님은 이렇게 말씀하신다. "사람이 내게 보이지 아니하려고 누가 자신을 은밀한 곳에 숨길 수 있겠느냐"(렘 23:24). 모든 것이 하나님의 눈앞에 벌거벗은 듯 드러나고, "하나님의 말씀은 살아 있고 활력이 있어 좌우에 날선 어떤 검보다도 예리하여 혼과 영과 및 관절과 골수를 찔러 쪼개기까지 하며 또 마음의 생각과 뜻을 판단"(히 4:12)하신다.

하나님은 우리 마음을 살피신다. 예수님은 "마음에서 나오는 것은 악한 생각과 살인과 간음과 음란과 도둑질과 거짓 증언과 비방이니"(마 15:19)라고 말씀하셨다. 하나님은 우리 마음의 상태가 올바르기를 바라신다. 내주하시는 그리스도의 영으로 인해 우리의 마음이 완전해지면서 존재의 신비가 풀어진다.

우리가 온갖 노력을 하는 것은 삶 가운데 만족을 얻고 싶어서인 경우가 많다. 우리는 이 땅의 꿈이 성취되고 이뤄지는 모습을 보기 바란다. 하지만 그 모든 것은 다 지나가 버릴 것이고, 오직 우리 마음의 상태만 영원히 남을 것이다.

> 내주하시는 그리스도의 영으로 인해 우리의 마음이
>
> 완전해지면서 존재의 신비가 풀어진다.

요한계시록 22장 4절에 따르면, 그리스도의 제자들이 "그(분)의 얼굴을 볼" 하늘의 상급을 받을 때가 있을 것이라고 말씀한다. 그러나 우리가 하나님의 얼굴을 보고 날마다 그분을 알고자 하는 열정과 갈망으로 불타오르는 것이 아니라 이 땅의 꿈들이 이뤄지는 것을 보고자 한다면, 마음이 청결한 자의 특징이 없는 것이다. 그리스도를 알고자 하는 열정 때문에 날마다 영적으로 노력하지 않으면, 이 시대의 일들에 지나치게 몰두하여 주의가 산만해지게 된다. 우리는 무절제하고 현혹되어 삶의 목적을 잃게 된다.

하나님은 우리와 친밀해지고 싶어 하신다. 그분의 얼굴을 구한다는 것은 하나님의 신성한 모습을 바라보며 그분의 음성을 듣는 것이다. 하나님의 임재 안에서 우리는 악에서 돌이킬 수 있다. 하나님의 사랑을 경험하면 우리가 왜 창조되었는지 알게 되기 때문이다.

우리가 완전해지면
하나님께서 기뻐하신다

하나님이 우리에게 삶을 주신 이유가 있다. 우리를 온전케 하여 그분의 기쁨이 되게 하려는 것이다. 우리 자신의 목적이나 즐거움을 위해 존재하는 것이 아니다. 만일 그렇게 생각하고 있다면, 우리 영혼의 원수인 마귀에게 속고 있는 것이다.

그리스도를 닮는다는 것은 무슨 의미일까? 하나님을 기쁘시게 하려는 한 가지 목적을 위해 살기로 하는 것이다. 이것을 위해 우리는 그분이 기뻐하시는 것에 대해 속속들이 잘 알고 있어야 한다. 예수님은 심지어 갈등하고 학대당하시는 중에도 항상 하나님을 기쁘시게 하기로 선택하셨다. 그러므로 불의한 일을 당하여 상처받을 때, 우리는 긍휼로 그 나쁜 경험조차도 대속해야 한다. 산상수훈을 우리의 행동방침으로 삼자. 우리를 통해 그리스도를 나타냄으로써 하나님을 기쁘시게 할 방법을 찾자.

성경에는 이렇게 기록되어 있다.

우리 주 하나님이여 영광과 존귀와 권능을 받으시는 것이 합당
하오니 주께서 만물을 지으신지라 만물이 주의 뜻대로 있었고
또 지으심을 받았나이다 하더라 _요한계시록 4:11

이 세상에서 지속적인 행복과 참된 성취를 누리는 비결은 자기만족을 추구하는 것이 아니라, 하나님의 마음을 만족시키는 데 있다. 하나님은 우리가 그분이 주신 많은 은사들을 누리기를 바라신다. 동시에 그분이 우리를 창조하셨을 뿐 아니라, 또한 우리가 그분을 위해 창조되었다는 사실을 알기 바라신다.

그래서 하나님은 우리 마음에 역사하신다. 우리 마음에 꿰뚫고 들어오셔서 방어 기제를 다루신다. 마음의 벽을 허무시고 깨끗이 청소하신 다음, 우리의 마음속으로 다가가기 위해 필요한 것은 무엇이든 하신다. 하나님은 우리의 마음을 찾으신다. 마음이 청결한 자가 하나님을 볼 것이기 때문이다. 그것도 영원에 들어간 후가 아니라, 바로 지금 말이다!

우리는 교회 안에 나타나시는 하나님을 보게 될 것이다. 우리가 하나님을 보기 시작하면, 그분이 이 땅 위에서 무엇을 하기 원하시는지가 보인다. 우리는 마음속의 두려움을 떨치고 일어나게 된다. 경쟁심, 야심, 정욕, 자신의 욕망을 떨치고 일어나게 된다.

이것들을 회개하고 정결해지면, 우리 마음이 청결해져서 하나님을 보게 된다.

하나님은 우리가 갖추고 있는 덕목 위에 청결한 마음을 더하고 계신다. 긍휼히 여기는 자, 의에 주리고 목마른 자, 온유하기를 선택하는 자, 하나님 앞에서 애통하며 자신의 필요를 아는 자들에게 청결한 마음도 갖추게 하실 것이다. 그러면 하나님을 보고 그분을 인식하게 된다.

예수님은 "네 보물 있는 그 곳에는 네 마음도 있느니라"(마 6:21)고 말씀하셨다. 당신의 보물은 무엇인가? 당신이 항상 생각하고 있는 것은 무엇인가? 무엇이 당신의 마음을 사로잡고 있는가? 거기에 있는 것이 당신의 보물이다. 그 보물 중에는 이 땅에만 속하여 낙담하게 하는 것들도 있다. 그런 것들이 우리의 보물이 되면, 우상, 곧 맹신의 대상이 될 수 있다. 하나님이 왜 우리를 해방시키고 싶어 하시는지 이해되는가? 우리가 청결한 마음이라는 근사한 보물과 이 땅의 보물들에 대한 집착을 구별조차 하지 못할 때가 너무나도 많기 때문이다. 그러나 오직 "마음이 청결한 자는 복이 있나니 그들이 하나님을 볼 것이다."

예수님이 기적을 행하실 때, 어떻게 하셨는가? 인간에게 내재된 힘을 이용하셨는가? 그렇지 않다. 사도행전 10장 38절은 다음과 같이 말씀한다. "하나님께서 나사렛 예수에게 성령과 능력을 기름 붓듯 하셨으매 그가 두루 다니시며 선한 일을 행하시고 마귀에게 눌린 모든 사람을 고치셨으니 이는 하나님이 함께 하셨음이라."

예수님은 마음이 청결한 분이었고 아버지를 보았기에 기적을 행하신 것이었다. 그분은 하늘 아버지께서 하신 일을 보고 그대로 행하셨을 뿐이다. 아버지께서 치유하고 계셨기 때문에 사람들이 치유되었다. 하나님의 임재가 폭포같이 쏟아지며 누군가를 치유하려 하시자, 예수님은 아버지의 역사를 보고 성령의 능력을 받아 하나님의 임재 안으로 들어가 치유의 손을 내미셨다. 그래서 예수님이 치유가 필요한 자들에게 손을 대시자 그들이 치유되었다.

예수님은 우리에게 말씀하신다. "누구든지 ... 그 말하는 것이 이루어질 줄 믿고 마음에 의심하지 아니하면 그대로 되리라"(막 11:23). 왜 그런가? 어떻게 마음에 의심하지 않을 수 있을까? 하나님이 그렇게 행하고 계시는 모습을 보기만 해도, 우리는 마음에 의심하지 않을 것이다. 그러나 오직 자기 의지로만 그 일을 하고 있다면, "이 일을 내가 하는 건가, 하나님이 하시는 건가?" 하고 의심이 드는 경우가 많을 것이다. 그러나 우리 마음이 청결하다면, 그래서 주님이 우리에게 말씀하시고 그것이 확증되어 우리 안에서 뜨겁게 타오르기에 하나님이 역사하고 계신다는 것을 안다면, 마음에 의심하지 않을 것이다.

기적을 일으키는 하나님의 능력이 나타나려면 마음이 청결해져야 한다. 그런 사람들은 이 땅의 피조물들을 통해 하나님을 보게 된다. 그들은 참 하나님과 연결되어 있다. 그들은 하나님과 교제하고 있으며 그 눈은 하나님을 바라보고 있다. 하나님을 보고 그분의 음성을 듣기에 그분이 하시는 일을 행한다. 하나님이 말씀하시는 대로 말한다.

우리의 보물은 어디에 있는가? 우리는 하나님을 보길 간절히 원하는가? 하나님의 보좌 앞에 나아가 그분의 영광과 그분을 경외하는 수많은 천사들과 구원받은 자들을 보게 날을 생각하는가? 그곳에 생명과 우주의 근원이신 주님이 계신다.

이러한 열정 때문에 초대교회 성도들은 박해당하며 생존을 위해 싸우면서 이 세상을 떠날 날을 사모할 수 있었던 것이다. 그들은 땅의 것들에 투자하지 않았다. 이 땅에서는 대적에 둘러싸여 있었기 때문에 그들은 하늘에 투자했다. 우리는 안락한 삶을 누리며 물질에 빠져 있다. 공허한 이 땅에 뿌리 내리고 있다. 이 세상이 우리를 붙잡고 있다. 그래서 우리 마음이 청결해져야 하는 것이다.

마음이 청결한 자가 하나님을 본다

하나님의 정결 과정을 통해 우리 마음의 상태가 청결해지면

눈이 열린다. 예수님은 바리새인들을 눈먼 자를 인도하는 눈먼 자라고 경고하셨다. 예수님은 우리가 어디로 가고 있는지 보기 원하신다. 성경은 "주께서 생명의 길을 내게 보이시리니 주의 앞에는 충만한 기쁨이 있고 주의 오른쪽에는 영원한 즐거움이 있나이다"(시 16:11)라고 말씀한다. 이 세상의 즐거움은 영원한 즐거움을 희미하게 비추는 것에 불과하다. 우리의 주요 목표는 영원의 세계를 보는 것이 아니다. 우리는 영원의 세계를 만드신 분을 바라보며 그분과 교제하며 살아가는 것을 목표로 삼아야 한다.

성경을 보면 하나님이 사람들에게 자신을 계시하셨고 그들은 하나님의 영광을 목격했다. 그분은 이사야, 아브라함, 에스겔, 예레미야, 솔로몬, 다윗, 하박국에게 자신을 계시하셨다. 또한 변화산에서 베드로, 야고보, 요한에게도 자신을 계시하셨다. 하나님의 아들이 하나님과 사람 사이의 중보자이시다. 하나님 아버지의 영광이 함께하시는 예수 그리스도께서 그분을 직접 계시하신 유일한 분이다.

사랑하는 자여, 예수님을 보는 것은 하나님을 보는 것이다. 그러나 먼저 우리는 그리스도 안에서 진리로 입증된 것 외에 전능하신 분에 대해 잘못 알고 있는 모든 것을 내려놓아야 한다.

그러므로 예수 그리스도의 삶과 가르침, 행적을 공부하라. 그러면 하나님의 본질을 둘러싼 비밀의 장막이 걷힐 것이다. 예수님이 "나를 본 자는 아버지를 보았거늘"(요 14:9)이라고 말씀하셨다. 이보다 더 심오한 진리가 있겠는가? 예수님이 하신 일을 읽을 때마다, 우리는 하나님의 본질을 보게 된다. 예수님의 가르침을 들을 때마다, 우리는 살아계신 하나님의 음성을 듣는 것이다.

예수님은 보이지 않는 하나님 아버지의 형상이시다(히 1:2-3). 그분은 아버지께서 하늘에서 하고 계신 아버지의 일들을 보고 이 땅 위에서 그대로 행하셨다. 아버지께서 영원 전부터 속삭이신 말씀을 이 땅 위에 그대로 울려 퍼지게 하셨다. 하나님을 보기를 진심으로 갈망하는가? 마음이 청결한 자는 그리스도의 말씀이라는 창문을 통해 전능하신 하나님을 보게 된다.

옛적에 선지자들을 통하여 여러 부분과 여러 모양으로 우리 조상들에게 말씀하신 하나님께서 이 모든 날 마지막에는 아들을 통하여 우리에게 말씀하셨으니 _히브리서 1:1-2

예수 그리스도의 가르침을 마치 하나님이 사용하신 똑같이 중요한 여러 목소리 중 하나인 것처럼 성경에 포함시켜서는 안 된다. 그분은 진실로 하나님 자신의 살아 있는 계시이며 보이지 않는 영광의 유일한 표현이시다.

● 선지자들은 길을 가리키지만, 예수님은 길이시다.
● 성경 교사들은 진리를 해석하지만, 예수님은 진리이시다.

- 사도들은 생명을 선포하지만, 예수님은 생명이시다.
- 그렇다, 모두가 말씀을 말하지만, 예수님 자신이 말씀이시다.

예수님이 말씀하실 때 우리는 흠 없고 가려지지 않은 하나님의 음성을 있는 그대로 듣는 것이다.

마음이 청결한 자는 복이 있다

예수님은 마음이 청결한 자가 하나님을 볼 것이라고 말씀하셨다. 다윗도 "깨끗한 자에게는 주의 깨끗하심을 보이시며"(삼하 22:27)라고 했다. 생각해 보라. 우리가 진정으로 하나님을 알 수 있을 뿐만 아니라, 하나님도 우리에게 자신을 간절히 보여 주고 싶어 하신다.

하나님의 약속은 나중에 천국에 들어갈 때까지 잠시 유보된 것이 아니다. 하지만 하나님은 그분의 말씀을 지금 여기에서 우리가 가늠할 수 없는 방법으로 성취하고 싶어 하신다. 우리는 하나님이 멀리 계신다고 착각하며 그런 상태에 자족했을 수도 있다. 하지만 하나님은 만족하지 않으신다. 그분은 우리를 하나님의 임재와 연합하여 살도록 창조하셨다. 전능자 하나님과 우리 사이에 거리가 있다고 느낀다면 속고 있는 것이다.

사실 주님이 우리를 바로잡아 주시는 것은 단순히 죄를 미워하실 뿐만 아니라, 죄로 인해 우리가 하나님의 임재에서 단절되기 때문이다. 그분은 우리를 사랑하셔서 정결케 하심으로 주님을 볼 수 있게 하신다.

교회에 하나님의 임재가 없는 것이 일상화되면서 하나님의 부재가 "정통 기독교"가 되어 버렸다. 우리는 하늘 문이 닫힌 것을 표준으로 만들어 버렸다.

하나님은 하늘들을 여시고 우리의 하나님이 되고자 하신다. 그분은 이미 우리 가운데 계시지만, 우리는 그분을 알아보지 못할 때가 많다. 엠마오로 향하던 두 사람과 마찬가지로 말이다. 예수님이 그들에게 "오늘 무슨 일이 있었느냐?"고 물으시자 그들은 예수님을 알아보지 못하고 자세한 이야기를 들려주었다. 예수님께 예수님에 대해 이야기한 것이다. 예수님이 그들에게 성경을 열어 주셨지만, 그들은 예수님을 알아보지 못했다. 그것이 그들에게 계시되지 않았기 때문이다(눅 24:15-17 참조).

그러다가 나중에 예수님이 떡을 떼시는 동안 그분이 계시되어 그들의 눈이 열려 하나님의 아들인 것을 알아보았다. 그러자 예수님은 그들의 눈앞에서 사라지셨다. 그들은 서로 말한다. "우리 속에서 마음이 뜨겁지 아니하더냐"(눅 24:32).

예수님이 계시되면 우리 마음이 영향을 받는다. 하나님이 우리 마음을 만지셔서 그분을 위해 정결하게 하신다. 그러므로 하나님이 들어오실 수 있는 마음을 달라고 기도하자. 그러면 우리가 좌로나 우로 치우칠 때마다 하나님이 "이쪽이다"라고 세미한 음성으로 말씀해 주실 것이다(사 30:21).

기억하라. 우리가 존재하는 모든 이유는 우리 마음이 온전해지는 것이다. 모든 것, 심지어 우리가 보는 방법까지도 계속 변화되고 있다. 우리가 사람들 앞에서 어떻게 보이는지, 어떤 옷을 입고 무슨 일을 하는지가 아니라 하나님 앞에서 내가 어떤 존재인지가 중요하다. 다른 모든 것은 지나갈 것이다. 우리 마음이 있는 곳에 우리의 보물이 있다. 잠언 4장 23절은 말씀한다. "모든 지킬 만한 것 중에 더욱 네 마음을 지키라 생명의 근원이 이에서 남이니라."

마음이 청결한 자가 하나님을 본다. 그 안에 계신 하나님이 다른 사람들 안에 계신 하나님도 볼 수 있게 하신다. 하나님이 우리 중에 계신다. 그분은 우리 생각을 그분의 영광으로 충만해지는 곳으로 인도하고 싶어 하신다. 우리가 하나님을 보기 시작하면 내면에서 무엇인가 변화된다.

제자들은 하나님을 보지 못했다. 그것이 그들의 문제였다. 요한복음 14장 8절에서 제자들은 다음과 같이 말한다. "주여 아버지를 우리에게 보여 주옵소서 그리하면 족하겠나이다." 이에 예수님은 "내가 이렇게 오래 너희와 함께 있으되 네가 나를 알지 못하느냐"라고 말씀하셨다. 또 "나를 본 자는 아버지를 보았거늘"이라고 말씀하신다. 이 말씀을 듣고 제자들이 모두 엎드려 떨었을 것 같은가? 그렇지 않았다. 모두가 그 자리에 앉아서 "그분을 보면 아버지를 본다는 게 무슨 뜻이지?"라고 물었다. 그들은 하나님이 그리스도 안에 계셔서 세상을 그분과 다시 화목하게 하신다는 것을 이해하지 못했다. 누가복음 10장 21-22절은 이렇게 말씀한다.

그때에 예수께서 성령으로 기뻐하시며 이르시되 천지의 주재이신 아버지여 이것을 지혜롭고 슬기 있는 자들에게는 숨기시고 어린아이들에게는 나타내심을 감사하나이다 옳소이다 이렇게 된 것이 아버지의 뜻이니이다 내 아버지께서 모든 것을 내게 주셨으니 아버지 외에는 아들이 누구인지 아는 자가 없고 아들과 또 아들의 소원대로 계시를 받는 자 외에는 아버지가 누구인지 아는 자가 없나이다 하시고

요한복음 14장 6절은 "내가 곧 길이요 진리요 생명이니 나로 말미암지 않고는 아버지께로 올 자가 없느니라"고 말씀한다. 하나님 아버지에 대한 지식이 계시되는 것은 그 아들이 뜻하신 이들에게만 이뤄지고, 아들은 하나님의 영광을 오직 아기들에게만 계시하신다. 어린아이들은 마음이 청결하기 때문이다.

오 주 예수님, 제 마음의 상태를 깨닫게 하소서. 제 속사람과 주의 음성에 민감한 삶을 살아가게 해 주셔서 주의 말씀으로 저를 정결하게 하소서. 주여, 주께서 저를 징계하실 때 기꺼이 받아들이게 하소서. 제가 주를 볼 수 있게 주께서 저를 만들어 주고 계십니다.

그리스도를 알고자 하는 열정 때문에 날마
다 영적으로 노력하지 않으면, 이 시대의 일
들에 지나치게 몰두하여 주의가 산만해지게
된다. 우리는 무절제하고 현혹되어 삶의 목
적을 잃게 된다.

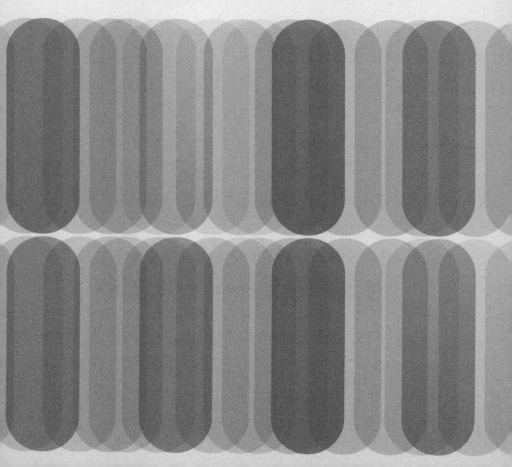

Chapter 15

화평하게 하는 자

화평하게 하는 자는 복이 있나니

그들이 하나님의 아들이라 일컬음을 받을 것임이요

_마태복음 5:9

다음 단계는 화평하게 하는 자가 되는 것이다. 예수님은 산상수훈에서 화평하게 하는 자는 하나님의 아들이라 일컬음을 받을 것이라고 말씀하셨다. 그분은 교회가 받아들여야 할 현재 하나님의 아들 됨의 지위에 대해 말씀하시는 것이다. 이것은 기록된 내용이나 이 땅의 삶에서 얻을 수 있는 것을 초월하여 넘어가는 것이 아니라 성경이 아들 됨, 아들의 지위라 부르는 것이다. 회개, 겸손한 마음, 의에 주림, 긍휼히 여김, 청결한 마음 등 일련의 영적 성숙의 모든 준비는 하나님을 보기 시작하는 곳으로 우리를 인도하고, 하나님을 보게 되면 하나님의 자녀 된 삶을 살기 시작한다.

하나님은 태초부터 이것을 추구해 오셨다. "하나님께서 이르시되 우리의 형상을 따라 우리의 모양대로 우리가 사람을 만들고 ... 하나님께서 자기 형상 곧 하나님의 형상대로 사람을 창조하시되 남자와 여자를 창조하시고"(창 1:26-27). 하나님의 아들이라는 표현은 성별을 나타내는 것이 아니라 영적 용어이다. 하나님과 우리의 관계를 나타내는 비유적 표현이다. 아버지는 아들을 낳고 훈련시키며 자신의 생명을 쏟아 붓는다. 하나님의 아들들, 곧 자녀들은 성령님의 인도를 받게 된다. 그러나 하나님의 영의 인도를 받으려면 그분을 보아야 한다. 이 모든 것은 하나님이 인도하시는 일련의 영적 성숙의 단계로서 성경은 이것을 아들 됨이라 부른다.

어쩌면 당신은 어린 시절에 아버지와 소통이 원활하지 않았거나 아버지가 없는 가정에서 자랐을 수도 있다. 그러나 하늘에 계신 아버지께서는 당신의 불완전한 양육 환경에 무슨 일이 있었든지 보상해 주실 수 있다. 모든 육신의 아버지가 완벽한 것은 아니다. 양육의 과정에 아무리 결핍이 컸더라도 하나님 아버지로부터 오는 은혜의 공급이 있다. 이사야 45장 11절은 말씀한다. "이스라엘의 거룩하신 이 곧 이스라엘을 지으신 여호와께서 이같이 이르시되 너희가 장래 일을 내게 물으며 또 내 아들들과 내 손으로 한 일에 관하여 내게 [물으라] 명령하려느냐."

누가복음에서 예수님의 계보를 보면, 아담까지 거슬러 올라간다. 아담은 하나님의 첫 번째 아들이었다. 태초에 하나님이 사람을 창조하셨고, 그 사람이 타락했다. 그럼에도 하나님의 일하심이, 그분의 역사가 이겼다.

성경은 하나님의 인자하심이 우리를 회개로 인도하신다고 말씀한다(롬 2:4). 그러므로 우리가 회개하는 것과 겸손히 하나님의 진리의 말씀을 듣는 것도 하나님의 손이 역사하셨기 때문이다. "하나님께서 보내신 이를 믿는 것이 하나님의 일이니라"(요 6:29). 하나님 아버지가 이끌지 않으시면 아무도 그 아들에게 나아올 수 없다. 그런 하나님의 역사가 지금 이 순간에도 우리 삶에 이루어지고 있다.

하나님이 우리에게 역사하고 계신다. 종교나 교회가 아니라 살아 계신 하나님이 역사하신다. 우리를 위해 일하시는 그분께 그분의 자녀들에 대해 구할 수 있다. 아버지 손으로 역사해 달라고 맡겨 드릴 수 있다.

> 이스라엘의 거룩하신 이 곧 이스라엘을 지으신 여호와께서 이같이 이르시되 너희가 장래 일을 내게 물으며 또 내 아들들과 내 손으로 한 일에 관하여 내게 명령하려느냐 내가 땅을 만들고 그 위에 사람을 창조하였으며 내가 내 손으로 하늘을 펴고 하늘의 모든 군대에게 명령하였노라 _이사야 45:11-12

하나님의 영적 자녀가 되는 것에 대해 어떻게 생각하든지 그것은 기대 이상일 것이다. 일련의 팔복을 따라가면, 세상 사람이 알지 못하는 삶을 살게 된다. 천국이 지금 우리에게 임하는 축복을 받을 수 있도록 하나님이 우리 영혼의 그릇을 빚으신다. 태초부터 하나님의 계획은 우리를 하나님 아들의 형상으로 만드시는 것이었다.

로마서 9장 23절을 살펴보자. "또한 영광 받기로 예비하신 바 긍휼의 그릇에 대하여 그 영광의 풍성함을 알게 하고자 하셨을지라도" 하나님은 이렇게 우리가 영광을 받도록 예비하셨다. 우리의 생애는 그렇게 예비하는 시간이며 단지 구원만 받는 게 아니다. 구원은 지옥의 영역에서 나와서 하나님의 영광으로 들어가는 것으로 정의할 수 있다.

하나님이 말씀하신다. "너희는 그들 중에서 나와서 따로 있고 부정한 것을 만지지 말라"(고후 6:17). "나는 너희 중에 행하여 너희의 하나님께서 되고 너희는 내 백성이 될 것이니라"(레 26:12). "너희는 내게 자녀가 되리라"(고후 6:18).

화평하게 하는 자(평화를 이루는 자 the peacemakers)가 복이 있나니 그들이 하나님의 아들이라 일컬음을 받을 것이다. 우리 안에 거하시는 평화의 왕을 모르면 평화를 이루는 자가 될 수 없다. 우리에게 평화가 있는 것은 우리 삶을 주관하시는 분이 누구인지 알기 때문이다. 우리는 자신이 존재하는 이유를 알게 되면, 그것의 힘, 능력을 경험하게 된다. 하나님을 보게 된다. 하나님을 보고 나면, 그분이 이 땅 위에서 그분의 백성들 가운데 무슨 일을 하고 계시는지 더 잘 인식하게 된다.

> 우리 안에 거하시는 평화의 왕을 모르면
>
> 평화를 이루는 자가 될 수 없다.

한마디 덧붙이자면, 화평하게 하는 자가 되는 것은 사람들이 싸우지 않게 막는 것 이상이다. 그런 것은 단순히 평화를 지키고 유지하는 것이다. 예수님은 평화를 지키는 자(the peacekeepers)가 복이 있다고 말씀하지 않으셨다. 그분은 화평하게 하는 자(the peacemakers)가 복이 있다고 하셨다. 평화를 지키는 자는 이미 있는 것을 지키는 것이지만, 화평하게 하는 자는 어떤 상황이든 화평을 가져오는 것이다. 예수님은 근본적으로 화평하게 하시는 분이었다. 그분은 평화를 위한 화목 제물로 십자가에서 죽으셨다. 로마서 16장 20절은 다음과 같이 말씀한다. "평강의 하나님께서 속히 사탄을 너희 발아래에서 상하게 하시리라."

하나님께는 태초부터 한 가지, 곧 사람을 그분의 형상으로 만드시는 목적이 있었다. 모든 시대에 걸쳐 하나님은 항상 그 한 가지 생각을 품고 그분의 백성과 함께 일하셨고, 그들에게 말씀하셨으며, 그들을 인도하셨다. 그래서 그 아들 예수님을 보내셨고, 예수님이 첫 번째로 하신 일은 하나님 자녀 됨의 태도를 산상수훈에서 정립하신 것이었다.

이사야 53장은
예수님의 마음이 어떤지 잘 보여 준다.

예수님이 인간의 몸으로 오신 것은, 우리의 태도가 어때야 하는지 분명히 보여 주시려는 것이었다. 그분은 하나님이 사람을 만드신 이유를 충족시키기 위해 오셨다. 예수님은 제자들부터 시작하여 하나님의 자녀가 어떤 마음의 태도를 지녀야 하는지 정의해 주셨다. 이사야 53장은 예수님의 마음이 어떤지 잘 보여 준다. 그분의 안팎을 속속들이 볼 수 있다. 그래서 이사야 53장이야말로 성경 전체에서 그리스도의 삶을 가장 깊이 있게 보여 주는 곳 중 하나이다.

나는 처음 목회를 하면서 이사야 53장을 7~8가지 역본(NASB, NEB, AMP 등등)으로 낭독한 것을 녹음했다. 그리고 약 한 달 동안 어디를 가든 그것을 들었다. 그 말씀을 통해 그리스도의 마음을 볼 수 있었기 때문이다. (요즘에는 성경을 들을 수 있는 휴대폰 앱을 통해 이 일이 훨씬 쉬워졌다.)

그리스도의 마음을 알고 싶은가? 그리스도의 능력과 권세를 사용하려면 어떻게 해야 하는지 알기 원하는가? 참된 영적 성숙을 알고 싶은가? 이사야서 53장은 다음과 같이 말씀한다.

우리가 전한 것을 누가 믿었느냐 여호와의 팔이 누구에게 나타났느냐 그는 주 앞에서 자라나기를 연한 순 같고 마른 땅에서 나온 뿌리 같아서 고운 모양도 없고 풍채도 없은즉 우리가 보기에 흠모할 만한 아름다운 것이 없도다 그는 멸시를 받아 사람들에게 버림 받았으며 간고를 많이 겪었으며 질고를 아는 자라 마치 사람들이 그에게서 얼굴을 가리는 것 같이 멸시를 당하였고 우리도 그를 귀히 여기지 아니하였도다 그는 실로 우리의 질고를 지고 우리의 슬픔을 당하였거늘 우리는 생각하기를 그는 징벌을 받아 하나님께 맞으며 고난을 당한다 하였노라 그가 찔림은 우리의 허물 때문이요 그가 상함은 우리의 죄악 때문이라 그가 징계를 받으므로 우리는 평화를 누리고 그가 채찍에 맞으므로 우리는 나음을 받았도다 우리는 다 양 같아서 그릇 행하여 각기 제 길로 갔거늘 여호와께서는 우리 모두의 죄악을 그에게 담당시키셨도다 그가 곤욕을 당하여 괴로울 때에도 그의 입을 열지 아니하였음이여 마치 도수장으로 끌려 가는 어린 양과 털 깎는 자 앞에서 잠잠한 양 같이 그의 입을 열지 아니하였도다 그는 곤욕과 심문을 당하고 끌려 갔으나 그 세대 중에 누가 생각하기를 그가 살아 있는 자들의 땅에서 끊어짐은 마땅히 형벌 받을 내 백성의 허물 때문이라 하였으리요 그는 강포를 행하지 아니하였고 그의 입에 거짓이 없었으나 그의 무덤이 악인들과 함께 있었으며 그가 죽은 후에 부자와 함께 있었도다 여호와께서 그에게 상함을 받게 하시기를 원하사 질고를 당하게 하셨은즉 그의 영혼을 속건제물로 드리기에 이르면 그가 씨를 보게 되며 그의 날은 길 것이요 또 그의 손으로 여호와께서 기뻐하시는 뜻을 성취하리로다 그가 자기 영혼의 수고한 것을 보고 만족하게 여길 것이라 나의 의로운 종이 자기 지식으로 많은 사람을 의롭게 하며 또 그들의 죄악을 친히 담당하리로다 그러므로 내가 그에게 존귀한 자와 함께 몫을 받게 하며 강한 자와 함께 탈취한 것을 나누게 하리니

이는 그가 자기 영혼을 버려 사망에 이르게 하며 범죄자 중 하나
로 헤아림을 받았음이니라 그러나 그가 많은 사람의 죄를 담당
하며 범죄자를 위하여 기도하였느니라 _이사야 53:1-12

이사야 53장은 메시아의 고난에 대한 예언이다. 예수님은 사
람으로 오셨고 우리와 마찬가지로 모든 일에 시험을 당하셨지만
죄는 없으셨다. 성경은 "그는 멸시를 받아 사람들에게 버림 받았
으며"(사 53:3) "우리의 슬픔을 당하였거늘 우리는 생각하기를 그는
징벌을 받아 하나님께 맞으며 고난을 당한다"(사 53:4)고 말씀한다.

그분은 우리가 살아가는 세상, 곧 싸움과 불의가 가득한 이
세상에 오셨다. 그러나 이사야 53장은 예수님께서 어떻게 불의
한 세상의 대우를 감당하셨는지 나타난다. 그분이 무슨 일을 겪
으셨는지 설명한다. 예수님은 산 자의 땅에서 끊어지셨고, 도살
장으로 끌려가는 어린양처럼 털 깎는 자 앞에서 잠잠하셨다. 10
절은 이렇게 말씀한다.

여호와께서 그에게 상함을 받게 하시기를 원하사 질고를 당하
게 하셨은즉 그의 영혼을 속건제물로 드리기에 이르면 그가 씨
를 보게 되며 그의 날은 길 것이요 또 그의 손으로 여호와께서
기뻐하시는 뜻을 성취하리로다

예수님은 하나님의 아들로서 본이 되셨다. 자신을 하나님께 제물로 드리신 것이다. 사람들이 비난하며 "하나님이 너를 치신다"고 비웃어도 그분은 대꾸하지 않으셨다. 모욕을 당하면서도 모욕으로 갚지 않으셨고, 자신이 위협 당하셨지만 어떤 위협적인 말도 하지 않으셨다. 다만 의롭게 판단하시는 하나님께 자신을 맡기셨다. 예수님은 온갖 부당함을 겪으시면서도 자신을 하나님께 드리셨다. 스스로 속건제물이 되셨다.

잘못된 일을 보거나 불의를 당할 때, 성숙한 그리스도인 곧 하나님의 자녀의 반응은 하나님께 자신을 드려야 한다. "주님, 제가 이것을 어떻게 바로잡을 수 있을까요? 어떻게 해야 이 세상에서 예수 그리스도를 나타낼 수 있을까요?"라고 말이다. 그러나 혹시 이렇게 생각하는가? "목사님! 우리가 사람들의 죄를 대속해야 한다는 말씀인가요? 우리가 예수님의 위치에서 그분의 역할을 해야 한다는 말입니까?" 그런 말이 아니라 예수님이 우리를 통해 역사하신다는 말이다. 하나님의 손이 역사하시는 것처럼 생생하게 예수님의 생명, 사랑, 성품이 우리를 통해 드러나야 한다는 말이다.

이사야는 메시아께서 세상의 모든 죄를 위해 자신을 속건제물로 드리면, 하나님의 능력이 "그의 손으로 여호와께서 기뻐하시는 뜻을 성취하"실 것이라고 했다. 바로 이것이 내가 고대하는 부분이다. 나는 그리스도의 구속의 능력이 나를 통해 역사하기를 바란다.

"그러나 목사님, 이사야 53장은 예수님에 대한 설명이잖아요."라고 생각하는가? 아니다. 예수님에 대해서만 말씀하는 게 아니다. 그가 자기 영혼을 속건제물로 드리면 씨(후손)를 보게 될 것이라고 한다. 교회인 우리가 예수님의 씨이다. 우리는 예수님처럼 생각하고 사랑하고 행동하는 사람들이다. 미혼의 예수님이 십자가에 달리셨고, 육체적 자녀는 없었다. 바로 우리가 그리스도의 제사로 얻은 후손이다. 우리를 통해 예수님의 생명이 나타나면 성숙해지고 아들의 정체성을 갖게 되어 세상의 상태를 보면서 판단만 하지 않게 된다.

내가 처음 구원받았을 때에도 사람들은 세상의 불의와 잘못에 대해 말했다. 그러나 나는 하나님을 보았다. 그분의 모습이 아니라 그분의 마음을 보았다. 그래서 하나님께서 우리의 도시들을 보실 때 자비를 베풀고 싶어 하신다는 사실을 알게 됐다. 예수님께서 세상이 변화되도록 값을 치르신 것처럼, 하나님은 세상의 변화를 위해 기꺼이 값을 치르려는 사람들을 찾고 싶어 하신다.

빌립보서 2장은 "너희 안에 이 마음(태도 attitude)을 품으라 곧 그리스도 예수의 마음이니 그는 근본 하나님의 본체시나 하나님과 동등됨을 취할 것으로 여기지 아니하시고 오히려 자기를 비워"라고 말씀한다. 성경은 예수님께서 지위와 특권을 내려놓으시고 자신을 쏟아 부어 "죽기까지 복종하셨으니 곧 십자가에"(빌 2:5-8) 죽으셨다고 말씀한다.

모든 세대마다 깨끗함을 받고 죄를 회개하고 정결해지는 과정에 헌신한 하나님의 백성이 있다. 그들은 예수님이 우리를 위해 생명을 내놓으셨듯이 주변 세상을 위해 값을 치르고 생명을 내려놓는다.

처음으로 예수님을 위해 생명을 바친 사람은 스데반이었다. 그는 주님의 본을 따랐고, 하나님의 아들이었다. 돌에 맞아 죽으면서도 스데반은 고개를 들어 하늘을 우러러봤다. 그리고 예수님이 서 계신 것을 보고 "주여 이 죄를 그들에게 돌리지 마옵소서"(행 7:60)라고 말했다. 스데반은 사람들의 죄를 자신의 죄로 여겼다. 다른 뺨을 돌려댔다. 박해하는 자들을 위해 기도했다. 판단할 권리, 화낼 권리, 맞받아 싸울 권리를 내려놓았다. 자신을 방어할 권리를 내려놓았다. 도피할 기회를 거절했다.

그 대신 스데반은 사랑으로 도피하기로 했다. 그는 "주여 이 죄를 그들에게 돌리지 마옵소서"라고 기도했다. 그러자 하나님의 손, 주의 팔이 임하여 거기 서 있던 한 사람에게 역사하셨다. 결국 그 한 사람, 바울은 나중에 역사상 가장 위대한 사도가 되었다. 그는 스데반의 순교를 목격한 사람이었다.

Pray..

주여, 제가 사랑으로 도피할 수 있게 도와주소서. 판단하고, 화내고,

맞받아 싸울 권리를 내려놓게 하소서. 그 대신 평화를 이루는 자가 되

게 하소서.

우리 안에 거하시는 평화의 왕을 모르면 평

화를 이루는 자가 될 수 없다. 우리에게 평화

가 있는 것은 우리 삶을 주관하시는 분이 누

구인지 알기 때문이다. 우리는 자신이 존재

하는 이유를 알게 되면, 그것의 힘, 능력을

경험하게 된다.

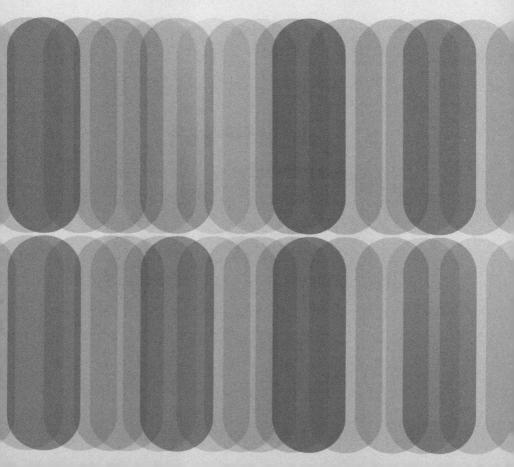

Chapter 16

박해를 받은 자

의를 위하여 박해를 받은 자는 복이 있나니

천국이 그들의 것임이라

_마태복음 5:10

❖

이 장에서 박해를 살펴보기 전에 박해가 아닌 것은 무엇인지 우선 짚고 넘어가자. 팔복의 단계로 보자면, 아직 자신의 필요를 깨닫지 못했거나, 회개하지 않았거나, 겸손해지지 않은 사람은 10절에서 말씀하는 박해받는 자에 해당하지 않는다. 우리가 박해라고 말하는 문제들 중 일부는 사실 자초한 것일 수도 있다. 우리에게 은혜, 사랑, 지혜가 없거나, 심지어 예수님과 함께하지 않아서일 수 있다. 우리가 예수님의 이름으로 다가가지만, 예수님의 본질을 나타내지 못할 때 사람들은 그분에 대한 관심을 꺼버린다. 이처럼 우리는 예수님으로 충만한 모습만큼이나 그분이 나타나지 않는 모습 때문에도 세상의 비난을 당할 수도 있다.

또 한 가지 짚고 넘어갈 것이 있다. 성경에서 하나님은 결코 성도에게 "다른 누군가를 박해하라"고 명령하신 적이 없다. 혹시 다른 사람을 박해하는 것을 자기 소명으로 여기는 그리스도인을 알고 있더라도, 갈라디아서에서는 "육체를 따라 난 자가 성령을 따라 난 자를"(갈 4:29) 박해했다고 말씀한다. 그러므로 성령을 따라 난 자는 남을 박해하지 않을 것이다. 사랑으로 진실을 이야기해 주며 잘못된 상황과 마주할 수는 있겠지만, 어떤 사람이나 상황에 맞서 전쟁을 벌이지는 않을 것이다.

하나님이 내면에서 역사하시는 이 일련의 단계에서 우리가 정직하게 인정해야 할 것이 있다. 하나님이 내면에서 역사하실 때 우리는 고군분투를 경험하게 된다. 이것은 구원받음과 제자도 사이의 근본적인 차이에서 비롯된다. 예수님이 값을 치르셨기 때문에 구원에 대해 우리가 치를 값은 없다. 그러나 하나님 나라를 이룰 때까지 제자는 모든 것으로 대가를 치러야 한다. 환불은 보장되지 않는다. 하나님이 우리를 위해 예비하신 걸 받을 때까지 우리 모든 걸 바치고 계속 바쳐야 한다.

> 예수님께서 값을 치르셨기 때문에 구원에 대해
> 우리가 치를 값은 없다.
> 그러나 하나님 나라를 이룰 때까지 제자는
> 모든 것으로 값을 치러야 한다.
> 환불은 보장되지 않는다.

그래서 팔복의 단계들을 밟아 나가는 가운데 고군분투가 있게 된다. 그런 와중에 우리 안에 있는 것들이 무너져 내린다. 이를테면 우리 안의 교만이나 삶의 고통을 경험한 후 비극으로 인한 영혼의 단절감 같은 것들이다. 피상적인 태도의 껍질, 곧 다른 이들의 필요를 진정으로 느끼지 못하게 가로막던 작고 사소한 것들이 허물어지면, 우리는 고통 중에 있는 사람들을 새롭게 이해하며 그들과 관계하게 된다. 예를 들어 가까운 사람이 암에 걸리면, 갑자기 암이라는 단어가 무시무시해진다. 이제는 아무 의미 없는 말이 아니라 자신과 관계된 말이 되어 마음에 아픔으로 다가온다.

그리스도를 닮게 되면, 두려움 없이 삶을 헤쳐 나가기 위한 애씀까지도 끌어 안는다. 정욕과 인간의 일상적인 모든 죄를 떨치고 살아가기 위해 고군분투하게 된다. 고통 속으로 들어가 넘어졌다 일어서고 싸움이 시작된다. 우리는 깊은 회개로 들어간다. 그러다가 자신이 겪었던 과정을 통과하는 사람을 보게 되면 그를 판단하지 않게 된다.

그리스도인이지만 바리새인 같이 남을 가혹하게 판단하는 것은 죄의 뿌리를 뽑고 진정으로 회개하는 고군분투를 경험한 적이 없기 때문이다. 그래서 다른 이가 이런 과정에서 고군분투하는 것을 긍휼히 여길 줄 모르는 것이다. 제자가 진정으로 회개하여 마음에서 죄의 얼룩이 제거되었을 때 얼마나 자유로운지 공감하지 못한다. 그래서 이런 사람에겐 겸손함이 자리할 곳이 없다. 자기의(自己義)의 옷을 입고 서서 남들에게 손가락질하느라 정결한 마음이 되는 게 어떤 것인지 진정으로 알지 못한다. 자기의만 가득 차서 십자가를 통과하는 경험도 하지 못했고 고군분투의 고통도 느껴보지 않은 사람은 팔복에서 말하는 박해당한 자가 아니다.

예수님이 말씀하신 박해란 하나님이 우리를 인도하셔서 겪게 하신 모든 것을 통과하는 것이다. 이 과정의 절정은 바로 우리가 하나님을 보게 되는 것이다. 이 박해를 경험하지 않은 사람은 원수 마귀에게 위협이 되지 않기에, 원수가 굳이 그런 사람을 공격하거나 중상모략을 당하게 하지 않는다. 지금 원수는 교회를 두려워하지 않고 있다. 교회가 주님을 두려워하지 않기 때문이다. 그러나 교회가 하나님을 두려워하면, 원수도 교회를 두려워한다. 하나님을 바라보는 교회는 마귀에게 엄청난 위협이 된다. 이제 하나님의 능력이 풀어질 수 있기 때문이다.

팔복의 일련의 변화 과정 중 여기까지 왔다면, 우리는 원수에게 위협이 되고 있다. 예수님은 평화를 이루시는 분이자 화목 제물이시다. 우리도 하나님의 자녀라 불릴 것이며, 화목 제물이 된다. 우리의 영적 권위가 강화된다. 하나님을 보게 되면, 분쟁이 있는 곳에 평화를 이루려는 갈망도 생긴다. 그래서 어디 가든지 하나님 나라 확장을 위해 앞장서게 된다. 그렇게 되면 사탄이 우리를 박해한다.

원수의 박해 전략

사탄이 어떻게 박해하는지가 마태복음 5장 11절에 나타난다. "나로 말미암아 너희를 욕하고 박해하고 거짓으로 너희를 거슬러 모든 악한 말을 할 때에는 너희에게 복이 있나니."

여기서 몇 가지에 초점을 맞추자. 첫째로, 성경은 "무릇 그리스도 예수 안에서 경건하게 살고자 하는 자는 박해를 받으리라"(딤후 3:12)고 말씀한다. 그러므로 문제는 우리가 박해를 당할 것인가 말 것인가가 아니다. 우리가 주 앞에서 거룩하고 의롭게 살려고 노력하기에 박해를 당하는 것이다. 가족이나 친구나 동료나 팀원이 우리를 박해할 수 있다. 우리는 어디서나 박해당할 수 있다.

원수는 우리가 아무것도 못하도록 박해를 계획한다. 원수는 우리 삶을 차지할 수 없다면, 그 일부라도 무너뜨려서 우리를 무능력하게 만들려고 할 것이다. 원수는 여호와를 기뻐하는 것이 우리의 힘이라는 것을 알기에 우리의 기쁨을 훔치려고 한다. 예수님은 이미 원수의 전략을 아시고 비난이나 다른 형태의 박해가 올 때 오히려 "기뻐하고 즐거워하라"라고 말씀하신다. 우리가 원수의 방해 때문에 하나님과의 동행을 멈추지 않기를 바라신다.

나는 원수에게 박해를 당했을 때 그 자리에 주저앉아 우울증에 빠졌다. 그러다가 심한 스트레스로 완전히 지쳐 있을 때, 주께서 마음에 "기뻐하고 뛰놀라"고 말씀하셨다. 원수 마귀의 압박을 깨뜨리기 위해 춤추라고 하셨다. 주 앞에서 춤을 추기 전에는 그 무거움의 영이 떠나지 않을 것이기에 나는 춤췄다. 그냥 이리저리 껑충껑충 뛰었다. 커튼이 쳐져 있어서 다행이었다. 누가 봤다면 미친 줄 알았을 것이다. 어쨌든 나는 기뻐 뛰었다. 원수가 내 기쁨을 훔쳐 가려고 박해했다는 사실을 주께서 내게 보여 주셨기 때문이다.

예수님은 우리에게 기뻐하며 뛰놀라고 말씀하신다(눅 6:23). 기쁨으로 펄쩍펄쩍 뛰라는 의미이다. 무거운 마음을 털어내려면 아주 큰 기쁨이 필요할 때도 있다. 원수는 우리가 하나님과 동행하지 못하게 하려고 중압감을 만들었고, 여호와를 기뻐하는 것이 해결책이 된다.

박해를 당해 마음이 무겁다면 기뻐 뛰놀라. 이것 때문에 그리스도의 형상으로 변화하는 여정을 멈추지 말라. 우리가 박해를 당하는 것은 원수 마귀가 우리를 미워할 정도로 많은 일을 했기 때문이다. 그러니 이제 우울에 빠져서 그동안 수고한 것을 날려버리지 말라! 마귀가 우리를 박해하면, 잘하고 있다는 신호로 받아들이라. 속도를 늦추지 말라. 즐거워하라. 기뻐 뛰놀아라.

원수가 그다음으로 쓰는 계획은 의심과 빈정거림으로 우리의 신뢰성을 깎아내리는 것이다. 첫 번째 전략이 통하지 않으면, 그다음 공격은 우리를 흠잡고 비난하여 침묵시키는 것이다. 예를 들어, 원수는 누군가를 조종하여 우리를 비판하거나 뒤에서 수군거리는 대상으로 만든다. 어쩌면 거짓말이 아닐 수도 있다. 사람들이 우리에 대해 거짓말하는 것도 나쁘지만, 더 나쁜 것은 우리에 대한 '사실'을 말하는 것이다! 사람들은 우리가 실제로 한 일들을 말한다. 그중에는 우리가 이미 회개한 것도 있다. 하나님은 그 사실조차 잊으셨다. 그러나 누가 기억할까? 형제들을 참소하는 자, 사탄이 기억한다. 사탄은 우리가 회개하여 용서 받은 후에도 잘못한 것들을 다시 들춰내어 우리를 공격하는 데 사용한다.

요한계시록 12장에는 깊은 영적 세계를 보여 주는 굉장한 장면이 펼쳐진다. 형제들을 참소하는 자 사탄이 하나님의 종인 우리를 공격한다. 용이 남자아이를 삼키려 하지만, 그 아이는 "하나님 앞과 그 보좌 앞으로" 올라간다(5절). 일반적으로 이 아이를 예수 그리스도로 보는데 나도 이것에 동의한다. 이것은 우리가 비난을 당할 때의 적용사항이 될 수 있다. 비난을 당할 때, 참소자의 입으로부터 안전한 곳, 우리를 삼키려 하는 용의 입으로부터 안전한 곳을 찾으려면, 하나님의 보좌 앞으로 올라가야 한다. 하나님이 임재하시는 곳에만 평화, 피난처, 안전, 그리고 만족이 있다. 박해를 우리를 그곳으로 솟구쳐 올라가게 하는 로켓 연료로 생각하자.

박해로 인해 "너희의 상이 큼이라"(마 5:12)고 하셨는데, 예수님이 말씀하시는 상은 10절에서 "천국이 그들의 것임이라"고 하신다.

성령님은 이렇게 말씀하신다. "원수가 박해로 너를 한눈팔게 하려고, 너를 끌고 가서 네 생각을 사로잡고, 너의 힘을 탕진하게 하려고 한다. 너에게 안전한 곳은 오직 하나님의 보좌 앞이다." 만약 잘못한 게 있다면 회개하라. 그러나 참소하는 자가 그 문제로 찾아올 때, 삶을 점검하고, (욥과 같이) 그 참소에 대해 할 수 있는 모든 것을 다하라. 그리고 하나님의 보좌 앞으로 가서 그분의 발아래 내려놓으라. 그곳이 안전한 곳이다.

하나님의 임재로 가는 길

이런 질문이 있을 수 있다. "그런데 목사님, 어떻게 하나님의 보좌 앞으로 갈 수 있나요?" 예배가 하나님의 임재 안으로 가는 길이다. 예배하며 하나님이 어떤 분이신지 찬양하라. 하나님의 선하심과 자비와 능하신 역사들로 인해 감사하라.

그다음에 우리를 박해하는 자들을 대신해 하나님께 나아가라. 하나님의 보좌 앞에 있을 때 우리는 그리스도와 함께 있게 된다. 그리스도는 성도들을 위해 언제나 중보하시는 분이기 때문이다. 그리스도께서 기도하실 때 본질은 박해하는 자들을 위해 기도하는 것이다. 하나님의 임재가 우리를 둘러싸는 보좌로 나아가는 것이 박해에서 벗어나는 방법이다.

우리가 하나님의 임재 없이 하나님의 뜻을 행하는 것은 하나님의 의도가 아니다. 하나님의 목적을 이루는 능력은 기도와 하나님과의 친밀함에서 나온다. 이처럼 하나님과 친밀한 곳에 성령의 흐름이 항상 흘러넘친다.

나의 책 《영적 전투의 세 영역》에서 나는 이렇게 썼다.

하나님을 진리로 예배하지 않으면 영적 전쟁에 승리할 수 없다. 사탄의 공격이나 박해로 상처받았을 때 우리에게서 무엇이 나오느냐로 우리의 예배 수준을 진정으로 가늠할 수 있다. 우리 안에 무엇이 있는지 보려면, 힘들고 어려울 때 우리 마음에서 무엇이 나오는지 보면 된다. 편안할 때는 그것이 감춰져 있다. 우리가 참된 예배자라면, 어떤 전쟁을 하고 있더라도 하나님에 대한 예배가 우리 영에서 나올 것이다. 영적 전쟁을 할 때 예배하면 영혼을 둘러싸는 불벽이 만들어진다.

Pray ···

주께 순복합니다! 주께 헌신하며 예배자의 군대에 제가 들어갑니다. 저는 주를 찬양하기를 선택하며 주께 드리는 예배로 주님의 피난처를 확장시키겠습니다. 주님은 제가 사는 목적이십니다.

Chapter 17

너희의 상이 큼이라

기뻐하고 즐거워하라

하늘에서 너희의 상이 큼이라

너희 전에 있던 선지자들도 이같이 박해하였느니라

_마태복음 5:12

❖

　이전 장에서 우리는 원수가 우리에게 던지는 다양한 형태의 박해를 살펴보았다. 또한 "기뻐하고 즐거워하라"(마5:12)는 예수님의 명령이 박해의 해결책인 것도 알게 되었다. 12절의 나머지 말씀을 읽으면 이전에 박해받은 자들처럼 우리도 큰 상을 받게 될 것을 알게 된다.

　지금도 하나님이 사용하시는 사람들이 나라들에 대언하고, 기름 부음 받은 자들이 특정한 곳에 가서 하나님을 나타내고 있다. 예언의 은사로 이 일들을 하는 사람도 있고 선지자 직분을 가지고 있는 사람들도 있다.

　팔복은 신약 선지자의 특징을 우리에게 보여 준다. 신약의 선지자는 뽑힘, 파괴, 파멸, 멸망을 대언하기 위해 기름부음 받은 예레미야 같은 역할이 아니다.

　구약에는 선지자 학교의 지도자인 사무엘 같은 선지자들이 있었다. 신약에서는 예수님이 오셔서 산상수훈을 가르치시며, 신약의 예언 사역과 선지자의 기준을 세우셨다.

　만일 우리 마음이 겸손히 하나님의 세미한 음성에 떤다면, 주의 음성을 인식하는 법을 배운 것이다. 요구하시는 작은 것들에 신실하면, 팔복을 통해 계속 발전하며, 눈이 열리고, 하나님을 보게 된다. 성경에서는 하나님을 보는 사람을 선견자(seer)라고 한다. 하나님의 음성을 듣는 사람을 일반적으로 선지자라고 한다.

예수님은 "...너희 전에 있던 선지자들도 이같이 박해하였느니라"(마5:12)고 하신다. 나는 팔복이 신약 선지자의 성품을 형성하는 일련의 과정이라고 생각한다. 이 해석에 완전히 동의하지는 않는 사람도 있겠지만, 전도자, 목사, 사도, 교사 등 어떤 사역을 맡았든지 모두가 팔복이 말하는 과정을 거쳐야 목표에 도달할 수 있다고 말하고 싶다. 우리가 예수 그리스도의 형상을 가진 제자가 되려면 우리 모두 이 과정을 거친다.

하나님을 가장 기쁘게 하는 것은 기꺼이 자기 생명을 내려놓는 종들의 예배하는 마음이다. 그들은 박해 받는 상황에도 마음을 올려 드리며 하나님 앞에 나아가 귀한 헌신으로 그분을 사랑한다. 바로 이것이 천사들이 지켜보는 마음이며, 하나님이 사람을 창조하신 이유이다.

우리의 모범이자 본이시며, 모든 덕을 갖추신 분, 우리에게 생명을 공급하는 포도나무이신 예수님을 바라보면, 그분이 박해와 비방을 당하시면서 십자가를 향해 나아가셨다는 것을 발견하게 된다. 시편 22편을 읽어보면, 모든 구절이 예수님이 십자가에서 하신 말씀이라는 것을 바로 알게 된다. "내 하나님이여 내 하나님이여 어찌 나를 버리셨나이까"(시 22:1)로 시작하여 "악한 무리가 나를 둘러 내 수족을 찔렀나이다 내가 내 모든 뼈를 셀 수 있나이다 그들이 ... 내 겉옷을 나누며 속옷을 제비 뽑나이다"(시

22:16-18)라고 한다. 이것은 그리스도의 모습이다.

그분은 그 부르짖음 중에 "내가 ... 주를 찬송하리이다"라고 한다. 그렇게 찬양하기 시작하시고 "주께서 내게 응답하시고 들소의 뿔에서 구원하셨나이다"(시 22:21)라고 말씀하신다. 죽음의 길목에서도 예수님은 예배로 다시 아버지와 연결되셨다. 하나님의 아들이 십자가에서 불의한 심판을 받으심으로 세상의 죄를 위해 자기 생명을 화목제물로 내려놓으셨다. 그렇게 모욕당하시는 중에도 십자가에서 예배를 드리심으로, 피조물로부터 받을 수 있는 최고의 기쁨을 아버지께 드리셨다.

우리도 그리스도의 본을 따라 시련과 고난 중에 하나님을 예배한다. 불공정하든 무고하든, 우리도 시련과 고난 중에 마음을 다해 엎드리고 순복하면 하나님 아버지의 마음에 기쁨을 드릴 수 있다.

예수님은 그분을 따르려면 자기 십자가를 지라고 하신다. 이 십자가, 이 박해는 무엇을 나타내는가? 하나님만이 우리가 살아가는 이유라고 결단한 삶이 드러난다. 사람의 영광을 위해 살지 않을 것이라고 고백하는 삶이다. 이런 사람은 "자아"를 지킬 가치가 있다는 착각에서 벗어난 사람이다. 하나님이 누구시며, 자신이 왜 사는지 깨달은 사람이다.

누가 우리를 비난할 때, 하나님을 예배할 기회로 삼아라. 그러면 천국이 우리 것이다. 하나님을 예배하는 것이 그분이 사람을 만드신 이유다. 그분은 어떤 상황에도 찬양하라고 우리를 만드셨다!

주님은 이스라엘을 애굽에서 데리고 나오셨을 때 그들이 광야에서 그분을 예배하기를 바라시며 이스라엘이 약속의 땅에 들어가서 그 땅을 차지하게 될 거라고 말씀하셨다. 그들이 "젖과 꿀이 흐르는 땅"(신 27:3)에 들어가게 될 것이라고 약속하셨다.

우리가 전쟁과 충돌 중에도 하나님을 예배할 때까지 하나님께서 우리를 그 속으로 이끄실 것이다. 우리의 약속의 땅은 하나님의 임재다. 분쟁과 갈등의 광야에서도 하나님을 예배하기 전까지는 젖과 꿀이 흐르는 땅 즉 하나님의 임재를 발견할 수 없다.

주님은 우리의 소망을 성취하는 데 관심이 있으시다. 하지만 그렇게 하려면 먼저 삶을 움켜쥔 우리의 주먹을 펴고 하나님께 마음을 향하게 해야 한다. 진실로 우리가 살아 있는 이유는 우리의 소소한 바람들을 이루기 위해서가 아니라 하나님을 예배하는 자가 되기 위해서이다.

개인적 성취가 우상이 될 수 있다. 거기에 혈안이 되면 하나님을 위해서가 아니라 자신의 행복만을 위해 살게 된다. 따라서 구원받으면 그리스도께서 우리 소망의 우선순위를 정해 주신다. 예수님은 산상수훈 뒷부분에서 이렇게 말씀하셨다. "너희는 먼저 그의 나라와 그의 의를 구하라 그리하면 이 모든 것을 너희에게 더하시리라 그러므로 내일 일을 위하여 염려하지 말라 내일 일은 내일이 염려할 것이요 한 날의 괴로움은 그날로 족하니라"(마 6:33-34). 하나님이 분명히 우리의 소망과 필요들을 만족시키실 것이지만, 먼저 그분이 우리 마음의 첫 번째가 되셔야 한다.

진정한 예배가
진정한 그리스도인을 만든다

하나님이 우리와의 관계를 원하신다는 말은 사실이다. 그렇지만 우리의 본성은 그 관계를 자기 방식과 필요에 맞춘 가볍고 편한 관계로 생각하는 경향이 있다. 당연히 그분과 우리의 연합이 충만하고 근사하기를 원하시지만, 먼저 우리 삶에 임하셔서 우리를 구속하고 회복하는 데 전념하시는 데는 다른 목적이 있다. 하나님의 생생한 임재를 통해 우리가 예배자로 변화되는 것이다.

예배는 삶이 변화되어 그리스도의 형상으로 변화됐다는 참된 증거다. 예배의 표현으로 기쁨의 눈물을 흘리거나 경외심 때문에 침묵할 수도 있다. 늘 하나님께 감사하는 마음이 생길 수도 있고, 한밤중에 찬양이 흘러나오기도 한다. 표현이 어떻든지 아버지께서 찾으시는 예배는 의미가 있다. 예배하면 우리의 존재 전체가 하나님을 사랑하게 된다.

그러나 만일 예배하는 것이 생소하게 느껴지고, 예배가 기계적이거나 찬양의 가사가 공허하게 느껴진다면, 우리가 하나님의 말씀에 더 깊이 들어가 그분을 알 필요가 있다는 의미이다. 우리가 하나님께 더 가까이 나아갈수록 더 변화된다. 우리가 더 변화될수록 예배에 더 온전히 반응하게 된다. 하나님과 동행할수록 참된 예배가 깊어지고 성숙해진다.

우리는 예배하기로 선택해야 한다. 나는 어려운 상황에서도 하나님에 대한 신뢰를 나타내기 위해 그분을 예배하기로 선택한다. 주변 상황이 온통 격동할 때 나는 하나님의 마음속으로 더 깊이 파고 들어감으로써 예배하기를 선택한다. 하나님의 임재 안으로 들려질수록, 주님의 제단에 드리는 예배로 인해 내 삶의 팔복의 완성이 어느 정도인지 더 명확해진다.

Pray ....

주여, 제 삶에 들어오셔서 저를 변화시킨다는 약속을 이뤄주소서. 제 입술에 찬양을 주셔서 영과 진리로 예배하게 하소서.

하나님을 가장 기쁘게 하는 것은 기꺼이 자기 생명을 내려놓는 종들의 예배하는 마음이다. 그들은 박해 받는 상황에도 마음을 올려 드리며 하나님 앞에 나아가 귀한 헌신으로 그분을 사랑한다. 바로 이것이 천사들이 지켜보는 마음이며, 하나님이 사람을 창조하신 이유이다.

Chapter 18

기적의 지대

예수께서 온 갈릴리에 두루 다니사 그들의 회당에서
가르치시며 천국 복음을 전파하시며 백성 중의
모든 병과 모든 약한 것을 고치시니

_마태복음 4:23

❖

이 책 전반에 걸쳐 세 종류의 그리스도인으로 나눠볼 수 있다. 가장 큰 집단은 세상에 있는 어둠을 피하려고 하지만, 세상이 구원받을 수 있다는 희망을 품지 않는 이들이다. 그들은 그리스도가 곧 재림하신다고 보고 은신처에 숨은 채 주변의 비기독교 세계에는 무관심하다. 그들은 변화되는 과정에 아직 들어가지 않은 사람들이다. 물론 그들은 무법한 사람들의 행실 때문에 영혼이 괴롭다(벧후 2:7-8). 그들은 세상을 긍휼히 여기는 마음이 있기는 하지만, 제한적이다. 가족이나 가까운 친구만 돌보고 그 외의 사람들까지 돌보는 경우는 드물다. 그들은 주님을 사랑하지만, 어떻게 사회를 변화시키거나 세상에 긍정적 영향을 주는지 모른다.

두 번째 그리스도인 집단은 세상의 어둠에 적응했다기보다, 오히려 어둠을 향해 호통을 친다. 첫 번째보다 훨씬 수가 적지만, 이들은 절대로 세상에 무관심하지 않다. 오히려 그 반대로 보인다. 그들은 하나님 없는 자들이 부패했다고 격노하며 악인이 뻔뻔하게 행동한다고 지적한다. 그들은 강단을 두드리며 설교하고 거리로 나가서 목소리를 높이며 시위한다. 그러나 과하게 부정적이고 분노하다 보니 문화를 변화시킬 능력이 없다. 그들은 비판적인 과격 집단으로 매도되고 만다. 대부분의 죄인들은 이런 거친 접근법을 견디지 못하기 때문이다.

두 집단 모두 우리의 문화가 변화되길 간절히 바란다. 그러나
둘 다 같은 문제에 봉착한다. 자신들의 마음이 그리스도를 닮지
않은 채, 세상이 기독교적이 아니라고 지적하고 있기 때문이다.
교회를 그리스도의 형상으로 변화시키는(롬 8:28-29) 하나님의 마
음의 우선순위를 깨닫지 못하고 있다.

세상을 변화시키는
사람들이 필요하다

이제 세 번째 집단은 그리스도의 형상으로 변화하려는 열정
이 있다는 점에서 앞의 두 집단과 다르다. 이들은 수가 가장 적지
만, 가장 효과적으로 활동한다. 역사를 통틀어 보면 이들이 세상
을 변화시켜 왔다. 이들은 하나님께서 우선순위로 삼으시는 것
이 무엇인지 안다. 아버지께서 가장 열정을 쏟으시는 것이 믿는
자의 영혼을 통해 그 아들이신 예수님이 드러나는 거다. 이들은
물론 잃어버린 영혼을 긍휼히 여기는 마음이 크지만, 이웃의 마
음에 다가가는 것뿐만 아니라 하나님의 마음에 다가가는 것이
가장 우선순위이다. 이들은 아버지를 기쁘시게 하면 성령님의
능력이 자기들에 앞에서 역사하신다는 것을 안다. 그러면 하나

님이 친히 주변 사람들의 마음을 변화시키실 것이다.

내 삶에서 진심으로 추구하는 것은 범사에 예수님처럼 되는 것이다. 놀라운 것은 내가 정말로 그리스도의 형상으로 변화하면 전능하신 하나님께서 기뻐하신다고 성령님께서 약속하신다는 것이다. 우리가 변화를 받아들이면, 도시들에 사역할 능력과 문화를 대속할 능력이 우리의 변화 가운데 생긴다. 변화된 사람들이 열방을 변화시킬 수 있다.

그리스도를 닮아가기

사도 바울의 성공 비결은 바로 그리스도를 닮고자 하는 갈급함이었다. 바울이 말한 비전은 "내가 그리스도와 그 부활의 권능과 그 고난에 참여함을 알고자 하여 그의 죽으심을"(빌 3:10) 본받는 것이었다.

바울은 예수 그리스도의 생명과 능력을 "본받으려는" 천국의 목표에 온 열정을 쏟았다. 그는 세상을 구원하는 것뿐만 아니라 또한 예수 그리스도를 알고자 했다. 바울이 성취한 업적들을 열거하자면, 여러 교회 개척, 신약 성경의 거의 절반 집필, 잃어버린 영혼들 구원, 기적적인 성령의 은사 나타냄, 무시무시한 고난의 때에도 신실함으로 섬김 등 여러 가지가 있지만, 이 모든 것들은 그리스도를 알려는 열정의 부산물에 불과했다.

마찬가지로 교회에 대한 아버지의 일차적인 목표는 우리가 하나님의 아들을 닮는 것이다. 하나님이 우리를 구원하신 것은 변화시키기 위해서다. 아버지의 목표가 잃어버린 영혼을 구원하는 것이라고 말하는 사람도 있지만, 만일 그것이 아버지의 최우선 목표라면, 그냥 교회를 통하지 않고 아버지께서 직접 사람들을 구원하셨을 것이다.

바울이 회심한 경우를 보아도 사람을 구원하는 하나님의 능력에 한계가 없다는 것이 증명되지 않는가? 교만했던 느부갓네살 왕도 하나님께 영광 돌리는 겸손한 사람으로 바꾸지 않으셨는가? 저항할 수 없는 하나님께 누가 저항할 수 있겠는가? 그러나 하나님은 영광을 직접 계시하시는 것보다, 변화된 사람들을 통해 잃어버린 영혼에 다가가기로 선택하신다.

친구여, 우리 존재의 영광스러운 비밀이 있다. 전능하신 분께서 이미 영원 전부터, 타락과 폭력으로 점철된 세상에서 시험을 당함에도, 그리스도를 닮은(창 1:27) 신인류를 창조하기로 계획하셨다. 그리스도께서 천국의 본질을 가진 사람들과 교회를 "새로운 피조물"(고후 5:17)이라고 부르신다.

친구여, 우리 존재의 영광스러운 비밀이 있다.

전능자께서 이미 영원 전부터,

타락과 폭력으로 점철된 세상에서 시험을 당함에도,

그리스도를 닮은(창 1:27) 신인류를 창조하기로 계획하셨다.

구원이 필요한 인류에게 나타난 그리스도의 생명은 우주에서 가장 강력한 실재다. 참으로 예수님께서 높임 받으실 때, 어떤 문화에 속하든지 모든 사람이 보편적으로 예수님께로 이끌려 나오게 된다(요 12:32).

예수님이 사역을 시작하실 때 그랬다. "그의 소문이 온 수리아에 퍼진지라 ... 갈릴리와 데가볼리와 예루살렘과 유대와 요단 강 건너편에서 수많은 무리가 따르니라"(마 4:24-25). 이스라엘에서 사람들이 왔을 뿐만 아니라, 주변 이방 나라들에서도 하나님의 아들을 보려고 모여들었다.

그런 집회에 참석했는데 예수님이 친히 무리를 고치시고 "모든 병과 모든 약한 것"(마 4:23)에서 사람들을 해방하시는 모습을 한번 상상해 보라! 신체 일부가 떨어져 나간 나병환자들이 누더기를 입고 치유 받으려고 줄을 선다. 예수님이 그들에게 손을 대시자 즉시 치유가 그들의 몸에 흘러들어 간다! 시각 장애인, 청각 장애인, 언어 장애인이 예수님을 만난 후 보고 듣고 소리치며 하나님을 찬양한다. 귀신 들린 자와 정신적 고통에 시달리던 사람이 해방되어 평화가 임한다.

누가 그런 하나님의 역사를 보러 오지 않겠는가?

예수님이 서신 곳마다 그 시간과 공간 안에 천국이 땅 위에 임했다. 마치 하나님의 영원한 나라가 이스라엘의 메시아 위에 강력하게 집중 조명을 쏘는 것 같았다. 어디든 그 집중 조명이 예수님을 비추면 기적의 지대가 되었다. 상태가 어떻고 어떤 병을 가지고 오든지 예수님께는 문제될 것이 없었다. 예수님 뒤에 몰래 슬금슬금 다가간 사람도 다 치유되었다! 귀신에 사로잡힌 자도 하나님의 집중 조명을 받으면 귀신이 소리 지르며 떠나갔다.

치유의 능력이 예수님을 통해 흘러갔다. 유일하시며 준비되신 하나님의 아들을 통해 성령님의 거룩한 능력이 부어졌다. 사람들이 메시아께 가까이 오면 기대가 부풀었고 하나님과 함께라면 모든 것이 가능했다.

오늘날 어둠의 세력이 거세게 공격하지만, 인류의 구원자께서는 여전히 잃어버린 영혼 구원에 초점을 맞추신다. 악이 성행하고 많은 사람의 사랑이 식으며 거짓 선지자들이 많은 사람을 오도해도 하늘의 하나님께서 하나님 나라의 초석들을 다지고 계신다(단 2:44). 그리고 의에 굶주린 그리스도인이 먼저 하나님의 나라와 의를 구하고 있다. 진실로 휴거 전에 천국 복음이 모든 나라에 전파될 것이고 "그제야 끝이 오리라"(마 24:14)고 예수님께서 말씀하셨다.

우리 안에 있는 하나님 나라

마지막으로, 다른 사람들이 우리처럼 하나님 나라를 보지 못하더라도 너무 안달하지 말라. 바리새인들이 예수님께 "하나님의 나라가 어느 때에 임하나이까"라고 묻자, 예수님은 "하나님의 나라는 볼 수 있게 임하는 것이 아니요 또 여기 있다 저기 있다고도 못하리니 하나님의 나라는 너희 안에 있느니라"고 답하셨다(눅 17:20-21).

바리새인들은 하나님 나라가 언제 임하느냐고 물었지만, 예수님은 하나님 나라가 어디에 임하는지 답하셨다. 하나님 나라는 먼저 제자들의 마음에 임할 것이다. 그리고 결국 온 땅이 하나님의 영광으로 가득 차게 될 것이다. 하나님 나라가 임할 때 먼저 우리의 마음 태도가 준비되어 그리스도의 재림을 맞이할 수 있도록 준비된다.

오늘날 강력한 전환이 일어나고 있다. 많은 그리스도인이 전통적으로 일주일에 한 번 교회에 가는 것에서 벗어나 매일 하나님 나라가 회복되길 간구하는 것으로 초점을 옮기고 있다. 그렇게 우리가 하나님 나라로 들어갈 때, "기적의 지대"가 다시 나타날 것이다.

"하나님의 나라는 말에 있지 아니하고 오직 능력에 있음이라"(고전 4:20). 하나님의 능력이 놀랍게 역사하시는 첫 번째 장소는 바로 우리의 마음이다. 그래서 우리 마음이 하나님 나라의 태도를 본받게 하신다.

Pray ···

주의 영광이 온 땅을 채울 날을 고대합니다. 그날이 이르기까지 주께서 이루시는 변화 속에 저도 변화되게 하소서. 주의 능력과 주의 나라의 실재를 모든 상황 속으로 가져오는 기적의 지대에 제가 속하게 하소서.

結론 |

생명에 삼킨 바 되리라

이 세상에 두 세력, 곧 생명의 권세와 죽음의 권세가 커지고 있다. 성경에 따르면 그리스도가 재림하시기 전에 사탄이 영의 세계에서 땅의 세계로 쫓겨날 것이고 "자기의 때가 얼마 남지 않은 줄을 알므로 크게 분"을 낼 것이다(계 12:12). 예수님은 마태복음 24장 22절에서 "그날들을 감하지 아니하면 모든 육체가 구원을 얻지 못할 것이나"라고 경고하셨다. 성경에는 그날들에 대해 경고하는 예언이 많다. 사탄의 어두움이 땅 위에 있고, 마귀가 있는 곳에는 죽음과 멸망이 곧 일어난다.

그러나 한편으로 하나님 나라의 자녀는 점점 더 풍성해지는 생명에 들어갈 것이다. 우리가 회개하고 하나님의 말씀을 믿을 때 성령님과 그리스도의 임재가 교회에 더욱 풍성하게 회복될 것이다. 나는 예수님의 재림 전에 교회가 그분이 이 땅에서 사역하실 때처럼 생명으로 충만해질 것이라고 믿는다.

바울은 "죽을 것이 생명에 삼킨 바" 되는 때가 올 것이라고 말한다(고후 5:4). 마지막 나팔이 울릴 때 우리의 썩을 몸이 "썩지 아니할 것을 입겠고 이 죽을 것이 죽지 아니함을" 입을 것이다(고전 15:53). 깊이 생각해 보자. 죽음과 썩음이 생명에 삼킨 바 될 것이다! 우리는 죽음에 직면한 것이 아니라, 죽음을 제거하고 있다. 우리는 생명을 얻을 것이다. 풍성하고 영원하고 썩지 않는 생명을!

이것을 확실히 붙들어야 한다. 나팔 소리가 울릴 때 그 일이 눈 깜짝할 사이에 일이 일어날 것이지만(고전 15:52)[1] 그것은 오랜 세월 꾸준히 더 자신의 생명을 내려놓고 그리스도의 생명을 지속적으로 더 흡수하고 그 안에서 살아낸 성도의 결과다. 성경은 "이는 너희가 죽었고 너희 생명이 그리스도와 함께 하나님 안에 감추어졌음이라 우리 생명이신 그리스도께서 나타나실 그때에 너희도 그와 함께 영광 중에 나타나리라"고 말씀한다(골 3:3-4). 하나님의 영광이 나타나게 하는 열쇠가 있다. 남들이 보지 않더라도 매일 그리스도와 함께 사는 것이다. 진심으로 나의 가정, 소망, 마음, 미래, 내 모든 관계에서 "그리스도께서 내 생명 되신다."고

---

1) 고전 15:52 "in a moment, in the twinkling of an eye"라는 표현이, 한글 개역개정에서는 51절 " 순식간에"로 표현되어 있음_편집자 주

말할 수 있어야 한다. 동시에 삶 가운데 그리스도가 아직 우리의 생명이 되지 않으신 영역이 있음을 정직하게 인정하고 바로잡아야 한다.

> 우리는 죽음에 직면한 것이 아니라,
> _____
> 죽음을 제거하고 있다.
> _____

감춰진 만나

물론 생명이 우리 안과 주변에 있지만, 예수님은 생명을 "찾는 자가 적음이라"고 말씀하셨다. 대부분의 사람은 그저 존재하고 있다. 그러면서 사는 걸 무서워하고 죽는 것도 무서워한다. 그리스도가 우리에게 주시는 생명은 햇빛이나 비를 주실 때처럼 저절로 우리 위에 떨어지지 않는다는 걸 알아야 한다. 하나님의 생명은 그분의 뜻 안에 숨겨져 있다. 따라서 하나님의 생명을 찾으려면 그분의 뜻을 행해야 한다.

예수님은 요한계시록 2장 17절에서 "이기는 그에게는 내가 감추었던 만나를 주고"라고 약속하셨다. 하나님이 우리를 위해 예비하신 생명은 감춰져 있다. 예수님은 하나님 나라를 "밭에 감추인 보화"라고 하셨다. 생명이 우리 안에, 우리 주변에 있지만, 우리가 순금을 찾는 것처럼 생명을 찾고 은을 찾으려고 땅을 파는 것처럼 찾아야 한다.

인간의 본성에는 모순이 있다. 솔로몬도 "하나님은 사람을 정직하게 지으셨으나 사람이 많은 꾀들을 낸 것이니라"(전 7:29)고 말한다. 빛을 사랑하지만 어둠에 끌리는 경향이 있고, 사람들과의 관계를 원하면서도 그것을 유지관리하고 싶지는 않다. 가령 남편이 퇴근 후 집에 와서 부인을 집안의 "물건"처럼, 이를테면 의자나, 소파처럼 여길 수 있다. 그러나 남자는 부인의 인격을 민감하게 존중해야 한다.

한편 여자는 남편이 대화하지 않는다고 불평하면서 정작 남편이 말을 하면 자기에게 맞춰주지 않은 경우를 들먹이며 분위기를 망쳐버린다. 관계가 실패한 것을 다른 사람 탓으로 돌려버리기 쉽지만, 문제는 우리 안에 있다. 우리는 사랑 받기를 갈구하지만, 사랑을 주지 못할 때가 많다! 결국 우리 모두 하나님의 도움이 필요하다.

천사 가브리엘이 선지자 다니엘에게 환상에 대해 설명할 때 그는 그 초자연적인 만남의 경험을 이렇게 기록한다.

그가 내게 말할 때에 내가 얼굴을 땅에 대고 엎드리어 깊이 잠들매 그가 나를 어루만져서 일으켜 세우며 _단 8:18

하나님이 우리 연약한 마음을 다루시고, 우리를 만지실 때, 우리를 일으켜 세우신다. 우리가 예배 시간에 울게 된다면, 그것은 성령님이 우리를 일으켜 세우시고 얼굴을 땅에서 들게 하시는 것이다. 말씀을 읽거나 말씀을 전할 때, 마음이 뜨거우면, 그리스도께서 친히 우리를 일으켜 세우시는 것이다.

주께서 당신을 만지시는 것을 두려워하지 말라. 실패하고 상황이 나쁘더라도 주께 늘 마음을 열라. 더 풍성한 생명이 다가오고 있다! 더 충만한 주의 임재가 가까이 다가왔다! 늘 주께 마음을 열고 있으면 천국의 능력을 우리 삶에 점점 더 부어 주실 것이다. 우리의 모든 관계 속에 하나님의 생명이 더 부어지길 간구할 때, 우리의 태도가 점점 더 거룩해질 것이다. 그래서 눈 깜짝할 사이에, 죽을 것이 생명에 삼킨 바 될 것이다!

THE HEART THAT SEES GOD
: Following the Path to True Intimacy With the Father

Copyright ⓒ 2024 by Francis Frangipane

Originally published in English under the title: *The Heart That Sees GOD*
Published by Charisma House, 600 Rinehart Road, Lake Mary, Florida 32746, USA
All rights reserved.

Korean Translation Copyright ⓒ 2025 by Pure Nard, Seoul, Republic of Korea
This Korean edition was published by arrangement with Charisma House.

하나님을
보는
마음

초판 발행 | 2025년 4월 25일

지 은 이 | 프랜시스 프랜지팬
옮 긴 이 | 김주성

펴 낸 이 | 허철
책임편집 | 인수현, 김선경
디 자 인 | 이보다나
총   괄 | 허현숙
인 쇄 소 | (주)프리온

펴 낸 곳 | 도서출판 순전한 나드
등록번호 | 제2025-000033
주   소 | 경기도 부천시 원미구 길주로347, 305호(중동)
도서문의 | 032)327-6702
홈페이지 | www.purenard.co.kr

ISBN 978-89-6237-398-1 13230